調整習慣，
打造智在生活！

職場

No.1
習慣養成大師
吉井雅之

你想活出更快樂的人生嗎？

我見過許多在人生路上受挫的人。
那些人經常半途而廢，
只是漫無目的地消磨餘生，
過著得過且過的生活……

面對這樣的人，
我都會如此告訴他們：
「你要更堅強一些才行。」

「對陷入低潮的人來說，這句話太嚴厲了。」
很多人會這樣回答我，
每次聽到都讓我不禁想問：「你到底在說什麼啊！」

想讓內心變得更堅強，並不用去瀑布底下打坐，
或者光腳走在炙熱的火焰上，
而是有更簡單的方法。
正因為你不知道方法，才無法時刻保持強大的精神狀態。

只要讓這個方法
成為我們日常生活中每天會做的事——
也就是透過養成習慣，讓自己能下意識做到，
你肯定可以成為意志堅強的人，
進而自由選擇享受人生的方式。

首先，從認識自己開始吧。

調整自己做得到的「習慣」，

成為自己人生中的「主角」。

人生隨時可以重新開始，

一切全看你有沒有這份心。

來，試著敞開心扉吧！

序章

人生的有趣之處和習慣的祕密

注意你的思想，因為它們總有一天會變成言語。
注意你的言語，因為它們總有一天會變成行為。
注意你的行為，因為它們總有一天會變成習慣。
注意你的習慣，因為它們總有一天會變成性格。
注意你的性格，因為它們總有一天會變成命運。

德蕾莎修女

現在拿著這本書的你，**究竟是什麼樣的人**呢？

有家人或配偶嗎？有孩子嗎？有戀人嗎？

工作順利嗎？每天都過得很滿意嗎？

從人生大事到日常瑣事，大家應該都是在思考中**度過每一天**吧。

我也不例外。轉眼間即將進入60歲後半，至今以來走過的路，變得比眼前所剩的道路還長。不知不覺便走過了極其漫長的歲月。

而做不到的事情，也變得比做得到的事情來得多。

在健康方面也是，如果能永遠身強體壯自然很開心，但一定也有不少人擔心某天突然罹患疾病而每天過得患得患失。

年輕時，往往會認為**強大**、**聰慧**、**龐大**、**昂貴的事物**比較重要，也很在意**輸贏**或**損益**。相信擁有力量可以帶來幸福和喜悅，所以總是不顧一切地努力工作。同時也認為，揮灑汗水是一種美德，**工作就是人生的全部**。

「一旦拿掉工作，我的人生就什麼都不剩了。」

我們總是抱持著些微焦慮，透過工作，體會到喜悅、開心、愉快、悲傷、憤怒、嫉妒、羨慕、妒恨、羞愧等，各式各樣喜怒哀樂的情感。或許正是這些經驗，讓我們對人際關係有更深入的理解，同時也讓自己成長蛻變。

本書的核心讀者群為**走過一九六〇～一九七〇年代的人們**（尤其是男性），相信你們都曾汗流浹背地拚命工作，並因此感受到活著的實感。

但是，不論是大公司的管理幹部，還是中小企業的老闆，只要辭掉工作，就會變成普通的大叔和大嬸。究竟為什麼會有這麼多人在失去頭銜、地位和名譽後，就會像斷了線的風箏般，頓時喪失生活的動力呢？

而你又是如何呢？

你是否也隨著年齡增長，漸漸不知道自己是什麼樣的人、忘記自己本來的模樣了？

我身為**習慣養成顧問**，從企業經營者到一般員工、學生和孩子，至今總共指導過6

萬多人**習慣的重要性和好處**。

所謂的習慣，是指**烙印在潛意識的資訊所引起的無意識反應**。縱使自己沒有意識到，也會在無意中去做。

人生並不會隨著年齡增長而受到磨損；事實上正好相反，**透過磨練自己、改變自身意識和行動，反而能讓人生變得愈來愈閃亮**。正因如此，活在世上、抑或者說人生才會如此有趣。

而且我敢斷言，**習慣就是讓人生變有趣的祕密武器**。

重要的是「如何使用自己的生命」。

這條生命是上帝為了讓你享受這僅此一次的人生而賦予你的。

若你直到最後都沒好好利用，大概連祂都會想問：「你在搞什麼！」

「我老了」、「我已經退休」、「感覺變得孤零零的」等諸如此類的話語，都會**削弱你的生活動力**。聽到這些話，自然不會覺得人生有多快樂，對吧？那麼到底是誰奪走了你的生活樂趣呢？

大膽改寫自己的作業系統吧！

人生的樂趣，才「剛．要，開，始」！

若你剛從50歲後半邁入60歲，請你要先認知到這件事。

讓我們在人生的後半場也繼續以**「我做得到」**為信念來生活吧。

活到現在，應該有很多人已經學會如何運用自己的才能和思考方式。在此，我希望各位可以繼續學習並且實踐。此外，在實踐之前，也請不要忘記肯定自己「能做到」的重要性。認為**「我做得到」**絕不是一種過於自信的表現，它會成為一顆**種子**，讓你相信自己的未來能夠成功。但你必須憑自己的意志和力量持之以恆地澆灌這顆種子，最後會長成什麼樣的芽全取決於你。

我經常會用電腦來舉例。

所有軟體一旦缺少身為基石的**作業系統**，就會無法使用任何功能；如果一直維持在舊版的作業系統，也無法安裝最新的軟體。

同樣地，若將人類的大腦比擬成電腦，最基本的作業系統會是什麼呢？你所處的環境和背景，應該也會成為構成作業系統的要素之一吧。

若拿在一九二〇～一九八〇年代出社會的人，與在一九九〇年代之後出社會的人相比，兩者的作業系統應該從一開始就截然不同。

閱讀本書的讀者當中，應該也有人對這種差異感到很困惑；又或者，至今都還不願面對現實，總是這麼心想：

「那是什麼？我一直以來都是這樣過來的，那種事與我無關。」

對於這種人，世人通常會以**為老不尊**來揶揄他們。然而，有些人甚至察覺不到自己被職場同事疏遠了。

為了避免發生這種事，我想將以下內容記錄在本章節裡。

「我能自我進化。」

「只要我想，就做得到。」

「我有信心做得到。」

正因為沒有這種明確的決心，有些人才會一直緊抓著過去的榮耀不放，以為自己永遠都會如過往那般，遲遲無法從那個世界中清醒。

相較之下，勇敢生活的人們，共通點便是不管幾歲都以成長為目標，時刻懷著熱情、挑戰不曾體驗過的事物。這就是所謂的**人間力**的高度（編註：人間力意即身為人的綜合能力，包括知識、人際關係、自律等）。**而人間力的高低，可以說與度量的大小成正比**。

人間力高的人（度量大的人），不會只為了自己行動。

「為了什麼行動？為了什麼工作？」思考這個是很重要的。

目標明確的人，會為了家人、員工與其家庭、夥伴、城市，乃至於國家而努力。正因為認為自己必須這麼做，才能產生出**「努力就做得到」**的信念。

為了提升人間力，讓我們繼續訓練自己吧。只要養成「我做得到」的自信，我向你保證，不論在什麼情況下，你必定能開闢出前進的道路。

來吧，人生接下來才剛要開始！

別害怕調整人生！

本書的主軸是「調整人生的習慣」。

我們的目的並不是要徹底改變人生。

倘若目標設定得太過宏大，導致身心一下子不堪負荷，就本末倒置了。

為此，我在本書的4個章節中，精選出各種無需勉強、可在能力範圍內調整習慣的方法，主要為：

調整工作

調整自己

調整生活

調整人際關係和金錢

在人生百年時代的後半段，我們將面臨2個課題。

第一是需要培養出**「做對自己必要之事」的思考和行動習慣**；第二是需要培養出**「捨棄對自己不必要之物」的思考和行動習慣**。如此一來，就能在餘生裡好好發揮自己獨有的個性。

即將從50歲後半邁入60歲的人所需要的，就是**擁有夢想**以及**懷有強烈的願望**。而且可以的話，不要懷抱渺小的夢想和普通的願望，去追求宏大且能激發強烈野心的夢想和願望吧！

你不想在餘下的人生裡，實現自己最美好的夢想嗎？不想試著懷抱強烈的願望嗎？讓我們心懷壯志地努力活下去，履行自己的使命、挑戰天命，然後將其傳承和傳達給後世吧。

千萬不要抱持著「總有一天要○○」、「要是有天能○○就好了」這種想法，改掉滿足於此的壞習慣。

就算步伐緩慢也沒關係，只要一步、一步……不斷向前就好。

最後，讓我們加上重要的一點。

只要日常生活中的每一個行動，都能**稍微體諒他人**，自然而然會受到他人愛戴。透過被他人所愛，**幸運之神將會眷顧你，運氣也會逐漸好轉**。

此外，我也經常在內心叮囑自己，在餘下的人生裡一定要沉著、細心地實踐這一點。久而久之，隨著年齡增長而逐漸累積的「好感」，將會為你帶來好運，也會成為開運的重要關鍵。

「對他人的愛要敏感，對他人的不理解要遲鈍。」

「對幸福要敏感，對不幸要遲鈍。」

只要能養成這種思考習慣，你的人生必將變得豐富多彩且非常愉快。

希望每一位讀者都能最大限度地活用本書，以自己的方式歌頌人生。

習慣養成顧問

吉井雅之

調整人生習慣的10個基本練習

現在開始也不晚，努力鼓起勇氣吧！

①不要太在意他人

從現在開始，不要再去在意他人的評價了。愈看重他人的想法，反而愈看不到自己真正想要的東西。

在過去的組織當中，你是否總想著「應該這麼做」呢？那樣的人生，就到此為止吧。從今以後，別再照著他人的意見和想法決定人生了。愈是在意他人，能採取的行動範圍就會愈來愈狹窄，最終反而會束縛住自己。

真的已經夠了，其實你根本不用在意他人的目光。人生的有趣之處，才「剛・要・開・始」。重要的是「我」這個主語，重點是**「我想怎麼做」、「我想做什麼」、「我想活出怎樣的人生」**。你只需要考慮這些就好。

②感受幸福，學會細細品味

對你來說，幸福是什麼？首先，我希望你可以重新確認自己對幸福的定義。如果你現在無法感受到幸福，請想想自己是否經常與某人比較，抑或懷抱著與自身能力不符的奢望。

所謂的幸福，並不是一種狀態，而是一種**感受**。藉此機會，不妨試著降低你感受到幸福的門檻吧。

比如，去感受何謂**「活著就是幸福」**。如此一來，你也會陸續感受到**有東西吃就是幸福、有衣服穿就是幸福、有地方住就是幸福**。只要能從日常生活中感受到幸福，感激之情也會逐漸增加。

隨著心中的滿足感日漸膨脹，你從內在流露出來的氣質將開始有所改變，自然就會有更多人願意接近你。這正是你培養出來的魅力和氣場。

③ 學會為他人奉獻

雖然剛才說過要明確地以自己為軸心生活，但如果都只考慮到自己，心靈的品質會逐漸下降，內心也會變得愈來愈頹廢暴躁。因此，我們還是要主動為他人奉獻、提供幫助，這樣自己追求的事物有天必定會回到自己身上。

這一點，無論是在商業還是人際關係中都一樣。希望各位能養成習慣，主動思考：「為了他好，我能提供什麼呢？」「我該怎麼做，才能對這個人有幫助呢？」如此一來，不論最後是否能實踐，你的人生都將變得豐富多彩。

④ 不要過度憂慮

身為人，難免會有些煩惱。當然，我也有許多煩惱。但是，如果你總是杞人憂天而不付諸行動，任由時間匆匆流逝，那就太浪費了。若能意識到這點，必定會影響你往後的人生。

比如，當你挑戰新事物卻不太順利時，不要花太多時間追究原因，思考：「**為什麼**無法順利進展？」「**怎麼會**無法順利進展？」試著問自己：「**該怎麼做**下次才能更順利？」這種有建設性、能實際改變現實的解決方法吧。

倘若沒有隨著年齡增長，強化這種自問的思考習慣，便會在不知不覺中掉入追究原因的泥沼。

時間就是生命，憂心忡忡、猶豫不決地煩惱，只是在浪費自己的生命，等同將生命丟進垃圾桶裡。

⑤更加珍惜與家人相處的時光

這真的是一件非常重要的事。

無法珍惜身邊親友或家人的人，將錯失夥伴和顧客，難以結下往後在人生中闖蕩所需的良緣。珍惜家人、重視與他們相處的時間，人生自然會變得一帆風順，這真的很不可思議。所以，請更加珍惜家人吧。

⑥ 養成使用溫柔詞彙的習慣

那些過去聽到會令你感到高興的話語，在別人耳裡聽起來肯定也相當悅耳。因此，以後請在內心這麼想。不論往後遇到多麼令人生氣或難以忍受的人，他身為別人的丈夫、妻子或兒女，也是重要且無可取代的家人。

如果有人責備或否定你身邊的人，甚至對他們動粗，你還會想和他當朋友或者親近他嗎？想必不論是誰，應該都會回答「不想」吧。所以，請用更溫柔的言語去善待他人吧。

其實最容易受到話語影響的人，正是說話者本身；這些話將烙印在你的大腦裡，讓你漸漸變成溫柔的人。

⑦ 帶著不安繼續向前走

每一個人都會感到不安。不過人們所懷抱的不安和恐懼，基本上不會在真實世界中上演。這就跟妖怪是同樣的道理。也就是說，一味地感到不安只是在浪費時間。即使你再怎麼不安或煩惱，事情也不會有所進展。

別讓這些事情過度困擾自己，帶著不安向前進吧。

⑧不去想「要是有更多時間的話……」

要是能回到30幾歲、40幾歲……無論你怎麼想，這都是無法實現的事。倘若總是抱持這種想法，等你有天老到只能臥病在床時，內心肯定會充滿後悔和遺憾。

上帝平等地給予每個人一天24小時。為了在這段時間內有效地提升自己，讓自己進步，你必須從現在開始思考如何使用時間。

⑨時刻抱持著挑戰精神，讓人生不要徒留後悔

人在臨終前最常說的，通常是「要是能更大膽地去冒險就好了」、「要是當初有那麼做就好了」等諸如此類的話語。

相較於曾經做過的事，人類更容易對沒做過的事感到後悔。

對你來說，長年想著「好想挑戰、好想試試看」卻沒能付諸行動的事是什麼呢？

據說這世上有九成的人會說著「我的人生不該是這樣」迎來最後一刻，但我希望自己可以笑著說出：**「我想過的就是這種人生。」**開心地前往天國。

人生只有一次，讓我們繼續大膽地挑戰、進步、成長吧！

⑩ 養成憑直覺生活的習慣

沒有什麼比照著他人的命令選擇人生更空虛的了。

倘若有人對你指手畫腳，請先確認對方是否有達成你理想中的結果或願望；如果沒有，聽從他的意見，只會讓你踏上跟他相同的人生罷了。所以請憑著自己的意志做決斷，並勇於挑戰新事物。

存錢很重要，但**累積人脈**對往後的人生也不可或缺；而做個有主見的人，自然能吸引夥伴靠近。

透過15道問題認識「現在的自己」

改變自己是一件相當不容易的事，這是因為至今以來的思考和行動習慣已經牢牢紮根在大腦裡，造就出現在的每一天。這些習慣會讓你的內心產生「事到如今也無法／沒必要改變」、「但是這麼做的話……」等想法，誘惑你維持現狀、不斷動搖你的決心。

這時，請照著下列方式對自己**提問**看看。

①你兒時喜歡過、熱衷過的事情是什麼？

②你自認自己的優點和缺點是什麼？

③你今後想成為怎樣的人？你理想中的自己是怎樣的人？

④試著描述你的願望吧！你想做什麼？

⑤你對現在的自己有什麼期待？

⑥你對過去的自己有過後悔嗎？

⑦在你至今為止的人生中，誰給你帶來好影響或壞影響？

⑧在你過去接受的學習和教育中，學到哪些事物和經歷？

⑨在你去過的旅遊景點和出差地點中，有哪裡讓你印象深刻？

⑩你曾在哪些地方生活過？

⑪你今後想在哪個地方生活？

⑫你覺得做什麼事情會讓你感到最幸福？

⑬如果能實現一切願望，你夢想中的生活方式是什麼？

⑭你認為現在的自己，在身邊的人心中是何種形象？

⑮重新寫寫看「現在的自己」的人生履歷表吧。

從反覆對自己提問的過程中，能培養出客觀看待事物的能力。

也就是說，你能拉開距離，客觀看待內心深處的自己和問題所涉及的事物，而這將有助於你瞭解**自己的現狀**。

然後試著踏出一步吧。如此一來，你肯定會有許多新發現。以這種方式思考，想必能找到讓自己脫胎換骨的線索。

此外，**請打造一個能專心做自己能力所及之事的環境**。

←包括弱點在內，**請面對自己的不安、憤怒和疑問**。唯有鼓起勇氣去察覺自己的內在情緒，並抱持接受一切的覺悟，才能展開新的人生。

←改善或試著改變你認為有必要的事。

←若你覺得：「事到如今，已經無法改變了。」**請先坦率地接受現狀是自己過去的言行所造成，思考：「為什麼會發生那種事？」「為什麼會變成這種狀態？」**

←從這當中，你看見了什麼？你應該會意識到，那些「廢物的一面」也成為你的一種人格特質了吧。

←請不要一味地反省自己，這只是在進行自我覺察罷了。

若你意識到自己過去的言行造成了負面影響，請你記住，這將是教導你如何排解當前的不安、憤怒、過失和弱點以及痛苦的線索。

不要否定自己，而是要察覺自己。
透過察覺並採取行動，使其變成習慣；
透過養成習慣，你的人生必將愈來愈順遂。

#《職場之外》目錄

序章 人生的有趣之處和習慣的祕密

第1章 調整工作

第2章 調整自己

第3章 調整生活

第4章 調整人際關係和金錢

裝幀／重原隆
內頁設計＆ＤＴＰ／中富龍人
插畫／一二三かおり
編輯／鈴木七沖

第1章

調整工作

累積微不足道的小事

累積微不足道的小事，
是通往非凡的唯一道路。

前大聯盟球員　鈴木一朗

本書的第1章，我想先跟大家談談**工作**。

對於即將從50歲後半邁入60歲的人來說，最關心的應該是**工作（勞動）**這件事吧。事先聲明，此處提到的工作，並不單指在某家企業上班，或是經營繼承的家業。

畢竟努力支撐著家庭的**家庭主婦（夫）**也算是一項工作。此外，無論是在大企業、中小企業，抑或個人經營的小公司工作，每個人所屬的職場大小和工作類型皆無貴賤之分。這也是我想先跟各位傳達的重點之一。

對別人的工作產生憧憬、羨慕他人是個人的自由。

我再重申一次，縱使在人們的比較下，讓不同行業之間有著形象差異，但各行各業皆是工作，在勞動這件事上並沒有差異。

為什麼一旦步入**熟齡世代（55歲以上）**，就會開始在意起工作這件事呢？

答案很簡單，因為隨著年齡增長，**有天可能再也無法工作（＝失去收入來源）**。這個思維已經成為固有觀念深植在大腦裡，自然會使我們的內心萌生不安。

在晚年完全不工作、悠閒過生活的人，恐怕不到全球人口的10％，大多數的人要負擔孩子的教育費和房屋貸款等，導致各種支出不斷增加，甚至不少人只要想到自己老年後需要的伙食費、醫療費、居住費等，就會頭痛不已。

日本將自二〇二五年四月開始，根據（高齡者雇用安定法），雇主有義務確保員工能就業到65歲。只要員工有意願，雇主就必須繼續雇用員工到65歲，而不是指退休年齡延長到65歲。

此外，雇主不僅應訂定確保員工能就業到65歲的措施，還必須盡可能保障員工能就業到70歲（法規上為努力義務）。

受到超少子高齡化浪潮的影響，年輕人逐漸減少，社會開始希望本該隱居的人們出來繼續工作。在這樣的狀況下，我們更該**重新調整自己的工作和工作觀**。

不過，我並不是要提倡各位只做自己擅長或喜歡的工作。再重申一次，我不是在推薦大家去實踐看似輕鬆又簡單的願望。

會閱讀本書的讀者，大多數應該是正值**壯年世代（35歲～54歲）**或**熟齡世代**，並且每天都有著各種煩惱，像是：

「繼續做現在這份工作，真的沒問題嗎？」

「離開這間公司後，我該怎麼活下去？」

「孩子也長大了，為了和丈夫（妻子）融洽地生活下去，我該怎麼做才好？該怎麼和他（她）相處呢？」

根據立場和所處環境的差異，煩惱的種類肯定也會有所不同，但若是想活下去就需要金錢，必然得深思**工作**這件事。

「我今後要怎樣生活下去？」正是所有人共同的煩惱根源。

大部分的人至今為止的大半歲月和勞力，應該都耗費在**為公司／工作打拼**上。作為報酬，你能拿到**薪水**，用以支撐生活所需、養家糊口。

但如果想在人生百年時代愉快地度過餘生，就不能只靠著過去的目標生活。尤其是在退休後的數十年裡，倘若每天都漫無目的地生活，那段時間將變得極為漫長。

「我要為了○○工作。」一旦迷失了○○（目標），便很容易找不到人生的目的（活著的意義）。

若能只做自己喜歡的工作，那自然再好不過了；但若抱持著這種想法：「決定了，等我50歲後，就只做自己擅長的工作。」很有可能會讓你變成緊抓著那份工作、不給年輕人機會的「老害（為老不尊的人）」。這時你不妨先仔細思考，自己到底是**「為了什麼」才想做**。

講白一點，光靠過去所獲得的頭銜、名譽和實績，並無法讓你過上理想中的壯年或晚年生活。

若想調整工作，盡可能做自己喜歡的事情，就必須擁有**相應的思考方式並做好準備**。首先認識**現在的自己**、瞭解自己能做什麼。如果無法清楚知道自己**為什麼**想做，恐怕便無法達到理想中的目標。

你可以試著將「職業」替換成**「志業」**，以某個目標為中心努力奮鬥，自身的思考力和行動力都會提升。如此一來，不論日子過得多麼艱難，都能愉快地熬過去。

為此，**明確知道自己的願望**是很重要的。

願望的大小與忍耐程度成正比，甚至可以說**願望＝忍耐**；但若沒有事先訂定方向、突然就立下宏大的願望，身心可能很快就會失去平衡。

因此我建議各位**從累積微不足道的小事開始**，一步一步朝理想中的自己、理想中的人生邁進。我會在本章告訴大家，若想達成這個目標需要什麼東西。

重新認識工作的本質

永遠都不要失去良好的目標，
只要持續努力，最後必將得到救贖。

德國詩人　歌德

至今為止，為了使自己成長或達成個人目標，應該有許多人在工作的同時，必須忍受著各種困難。此外，應該也有不少人認為「強忍痛苦努力工作，是維持生活的必要付出」，藉此激勵自己工作。

讓我們換個視角看待這件事吧。

這是我在學校家長會主辦的演講會上經常說的話：

「千萬別培養出強忍痛苦、努力學習的孩子，讓我們一起培養出樂於學習的孩子吧！」

聽到這番話的父母都會這樣告訴我：

「那是不可能的。」

各位讀者覺得如何呢？

為什麼他們會回答我「不可能」呢？

原因就是父母們在學生時代也覺得讀書是一件痛苦、不有趣、辛苦的事，所以他們也是強忍著痛苦努力走過來的。而且直到現在，他們仍然抱持著這種想法，覺得工作既痛苦又辛苦、必須努力才能完成——這難道不是你的心態在作祟嗎？

一旦搞錯**工作**的本質，不光是平常日子或職場生活，整個人生的**樂趣**都會變得大不相同。

回到開頭的話題，我認為培育孩子最重要的，並非培育出成績優秀的孩子，而是應該**培育出有目標的孩子**。

在工作方面也一樣。在美國說「工作很辛苦」的人，必然會被他人視作失敗者。他們會設定人生目標，瞭解自己一年內必須完成哪些事，再以此為基礎做好每天的時間管理……乍看之下很像王牌業務員才會做的事，但實際上並非如此；會這麼做的人，正是知道正視自己、珍惜家人和身邊親友，才能讓人生過得更加愉快且充實。這可說是最標準的人生觀。

但在日本，即便是擁有社會地位的人，也有許多人認為：

「工作很辛苦。」

「勞動很累人。」

「努力很痛苦。」

而且在內心深處這麼想的同時，還會繼續工作。

在我看來，之所以會產生這種想法，並不是因為你突然變成社會人士，而是一直以來的教育環境很辛苦、很累人、很痛苦，才會導致學習的樂趣幾乎被消磨殆盡，進而萌生出相似的工作觀。這樣的心態，勢必也會影響到對工作的認知。

大多數在日本出生長大的人，不會**為了自己**工作。

相信很多人讀書、工作，不是為了實現自己的目標，而是為了達成父母、公司、組織等上位者指派的目標才去做，導致他們人生大部分的時光都是**為了某人或某事而活**。

話雖如此，在終身受雇和年功序列等社會結構的保障下，他們還是會得到相應的報酬，並因大腦中的**杏仁核**勉強產生「快樂」的感受（之後會在其他章詳細說明杏仁核的作用）。

然而，這種日式雇用體系正在逐漸崩壞；在今後的時代，我們必須以全新的價值觀來工作。

目標意識決定人生

人類是一種追求目標的生物，
唯有努力朝目標邁進，
人生才有意義。

希臘哲學家　亞里斯多德

我希望本書的讀者可以將一件事銘記在心。

倘若缺乏想法和決心，便很難在這個人生百年時代度過豐富多彩的餘生；唯有能努力激勵自己、勇敢追求生活的人，才能過得充實。

在往後的日子裡，**每個人都需要明確地設定個人目標，並且為了實現目標而學習或工作，否則將會找不到生活的價值和人生的意義**。一味地等待別人幫你安排好一切，是不可能充實自我的。

身為前大聯盟球員活耀於全世界的鈴木一朗先生，曾在某場為美國孩子舉辦的演講會上說過這段話：

「我能告訴你們的只有一件事，那就是要擁有目標。只要擁有目標，你們的願望應該大部分都能實現。」

這可是無論陷入什麼困境都從不氣餒、憑藉自身求知慾和價值觀完成許多偉大成就的人，才能說出的真理。

雖然一般人難以達成像鈴木一朗先生那樣的偉業，但其真意卻令人深感認同。

若要用一句話來表現此段的重點，我想這應該是最適合的。

目標意識決定人生

不要再將「我老了」、「如果能再年輕幾歲……」掛在嘴邊作為藉口。

之前在序章裡也有提到，關鍵在於你是否能改寫自己的作業系統、實現自我進化，並有信心能做到。

沒有人知道人生還剩下多少時間，正因如此，我才希望各位能將這個重點銘記在心，並在往後的日子裡努力追尋「志業」。

「職業」和「志業」的差異是什麼？

在本書內，對於這兩者的定義如下（這其中包含我個人的見解，還請見諒）：

職業意即為他人服務的工作，必須遵照公司、上司或客戶的指示進行作業。通常能透過付出勞動來換取金錢（薪水）。

而**志業則是指懷著志向去做某事**，類似於畢生事業或使命，其業務內容可以說是在履行你誕生到這個世界的意義。這時透過勞動不僅能換取金錢，有時還能得到金錢以外的事物——例如與他人的緣分、信賴或信任；有看不見的事物，也有無法用金錢取代的事物。

在你的餘生裡，你想以哪種工作方式生活下去呢？

當然，倘若你已經財富自由，可以只做自己喜歡的事情過活，那麼比起調整工作，你也能直接選擇將現在的工作讓給別人或辭職。然而，大多數的人應該都需要繼續從事工作。

屆時你想繼續在社會上隨波逐流、延續過去的生活方式，還是保持堅定的意志、努力提升目標意識並積極過活呢？隨著選擇的方式不同，想必前進的道路也會有所改變。

倘若可以，讓我們心懷目標意識、懷抱願望活下去吧！而為了實現願望，不，應該說為了更接近願望，職業或志業都將成為你不可或缺的工具。

無論你是以哪種心態工作，只要擁有目標意識，人生就會大幅改變。

正因如此，我才想跟大家談談如何**培養出具有目標意識的強大習慣**。只要知道這件事，肯定能更加輕鬆地制定出明確的計畫。

腦負責的工作是什麼？

只要稍微有所進步，
腦部就會感受到喜悅。
隨後，腦內會釋放出一種名為多巴胺的物質，
強化感受到喜悅的腦內迴路，並使其成長。

腦科學家　茂木健一郎

我們採取行動的理由，可以說大部分都是由**腦**所決定。腦位於頭蓋骨內，是掌管**思考**、**行動**、**記憶**、**感情**等機能的器官，重量約占成年男性體重的2％。

接下來的內容可能比較學術性，但在學習如何形成習慣前，我希望各位可以先瞭解自己的腦內結構。

從外觀上來看，腦部分為**大腦**、**小腦**、**腦幹**3個部分；而大腦又分為**額葉**、**頂葉**、**枕葉**、**顳葉**4個領域，各自作為語言、思考、感情、記憶、感覺等機能的中樞運作著。

腦部大致上由**大腦新皮質**、**大腦邊緣系統**、**腦幹**這3層結構組成。

其中**大腦新皮質**是人類在演化過程中產生的新腦，負責掌管**知覺**、**記憶**、**思考**、**自主運動**、**語言**。

宛如被包在中間的**大腦邊緣系統**，則是由**扣帶迴**、**杏仁核**、**海馬體**、**海馬旁迴**組成。相較於大腦新皮質，其在發生學上屬於較古老的皮質，負責掌管**情感**、**記憶**、**本能行動**、**動機**、**自律神經調節**等，與全身的各種機能都有關聯。

若說**大腦新皮質**主要負責判斷、分析以及想像，那**大腦邊緣系統**就是影響**情感**的腦。如果要再細分的話，大腦邊緣系統還掌控著食慾、性慾、睡意、活動慾等本能反應，同時也與喜怒哀樂等情緒、神祕的感受、睡眠、夢、記憶和自律神經活動有關。

從腦的結構來看，我們的情感會受到大腦邊緣系統的活動影響，因此只要妥善運用大腦邊緣系統，就能讓我們養成新的習慣。換言之，透過瞭解並利用腦的特性，便有可能培養出不易受挫的強大習慣。

在面對新的挑戰時，腦會因為感受到恐懼和壓力而變得膽怯，甚至還會將變化視為危機，使我們對新的想法和行動感到猶豫。

因此，我不建議突然進行大幅度改變，應該努力讓**「小習慣」日常化**，慢慢習慣才是明智的選擇。

為了達成這個目標，我們必須先瞭解習慣的機制。

腦的構造

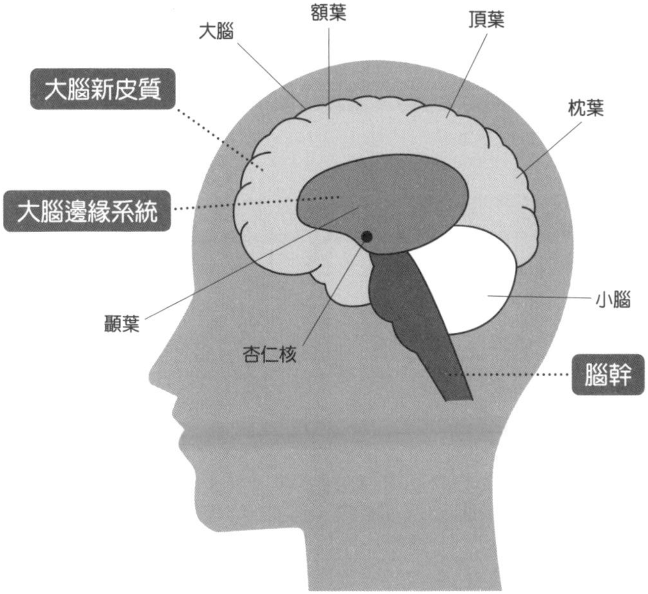

◆ 腦是三位一體

・大腦新皮質（想像）
知覺、記憶、思考、自主運動等

・大腦邊緣系統（情感）
食慾、性慾、睡意、喜怒哀樂、情緒等

・腦幹（生命維持）
意識、呼吸、循環調節等

瞭解習慣的機制

人的本性是相近的，
是後天習染不同才會產生差別。

中國思想家　孔子

我們總是下意識以「習慣」一詞來概括整體，但你知道習慣其實是由**4個連續習慣**所構成的嗎？這4個習慣就是……

◎**接收習慣**……**【如何輸入】**
理解、聽取、感受、觀察來自五感的資訊。

◎**語言習慣**……**【如何語言化】**
將接收的資訊轉換成語言的習慣。

◎**思考習慣**……**【如何思考】**
基於語言進行思考的習慣。

◎**行動習慣**……**【如何行動】**
將想法付諸行動的習慣。

我們在日常生活中經常提到的習慣，通常是最後的**行動習慣**。

「每天都會在早上5點前起床」、「在通勤時一定會在電車上看書」、「每週都會去慢跑3次」等等，都是以行動去實際表現出來的習慣。

不過在化為行動前，其實還要先經過**接收、語言和思考這3個習慣過程**。即便我們最終確實會透過行動去實踐現實生活中的習慣，也還是與其他習慣有著密切的關聯。例如，在採取某個行動後，會有這些情況：

- **【接收習慣】透過行動，感受到了什麼？**
- **【語言習慣】如何將行動中獲得的資訊語言化，並用言語表達出來？**
- **【思考習慣】行動所產生的結果，讓你的思考方式有何變化？**

不過，有些人只調整行動習慣的話，並無法長久堅持下去。其實這跟**大腦邊緣系統內的杏仁核**有著很大的關係，這部分我之後再說明。在此之前，我希望各位可以先理解**「如何輸入（接收）」、「如何語言化（語言）」、「如何思考（思考）」**這套機制。

只要知道形成習慣的過程，必定能堅持進行**行動習慣**。

藉由改變思考方式，擴散影響

為了讓各位更容易理解腦的結構，我想說明一下何謂**思考習慣**。

我認為只要改變「思考＝想法」，便會為其他習慣要素帶來極大的影響。可以說，**想法和習慣化息息相關**。

思考習慣中，包含了**2種習慣**：

◎確信習慣……能否確信。

◎錯覺習慣……好的認定或壞的認定。

「腦」這個器官的運作機制其實非常單純。腦本身無法分辨**人稱**，因此會受到個人思考的內容、心中的想法、說出的話語所影響，並直接拿去運用。換句話說，腦非常容易被你的話語和動作欺騙。

正因如此，只要你對大腦灌輸不同的「確信」和「錯覺」，思考習慣便會隨之改變。那麼，該怎麼做才能對自己灌輸確信和錯覺呢？

首先，形成確信習慣其實很簡單，只要對自己的大腦提出**正面提問**就可以了。

「該怎麼做才能〇〇呢？」

只要像這樣提出正面提問，腦就會以**「做得到」**為前提開始尋找方法，隨後答案便會靈光一閃地浮現在你的腦海裡。

但是要小心，若是提出負面問題，它也會老實地告訴你答案。所以千萬不能以負面思考對大腦提問，否則它會透過負面迴路照單全收。

「為什麼我做不到〇〇呢？」

一旦這麼問，腦就會開始尋找**「做不到的理由」**並打擊你的信心。

因此，請務必以正面思考提問。如此一來，它就會告訴你做得到的方法，而提出問題的你勢必也會覺得：

「我可以勝任這項工作。」

接著為各位講解**錯覺習慣**，簡單來說這就是一種**「認定」**。

各位讀者應該有過這種經驗，明明對方只是隨口一說，那句話卻深深地烙印在你的心裡……而且不光是父母、老師或朋友等他人對自己說過的話，連自己對自己說的話都會產生影響。

「你這孩子真沒用呢。」

「誰教你這麼愚蠢。」

「為什麼你都不表達自己的看法呢？」

家中有小孩的讀者，應該多少對孩子說過這種話吧。

如果讓孩子每天都聽到這種話，你覺得會發生什麼事呢？

「我就是沒用的孩子。」

「我就是個愚蠢的人。」

「我就是無法表達自己的看法。」

當一個人經常聽到否定的話語，久而久之就會變得對任何事情都缺乏自信。

請你想像一下沒自信的人會過上怎樣的人生，那條人生道路會是光明的嗎？還是怎麼樣呢……

無論哪種項目的運動員，通常愈專業的選手就愈注重心理訓練。

「我絕對可以，我絕對做得到。」

為了讓大腦產生這種認知，他們每天都透過教練、指導員乃至自己說的話，以及眼睛看到的文字、耳朵聽到的音樂等，想像自己「渴望成為的模樣」，為自己打造一個能實現夢想的環境，讓想像中的形象逐漸具體化。

「人生只會照著你的想像發展。」

全世界的成功人士幾乎都說過這句話。有些人可能會覺得：「怎麼可能……」但我也是這麼認為的。試著回顧自己的人生，雖然並非事事都能如己所願，但確實是照著自己內心深處的想像發展。

為了讓各位也能有所體悟，請從現在起時刻注意自身的「遣辭用字」，這對說話者和聆聽者都會帶來極大的影響。熱銷超過50萬本的超級暢銷書《這樣說話，讓你更得人疼》（大野萌子著，平安文化出版）亦有提及，即便是在工作時誇獎他人，只要稍微換個說法，就能為聆聽者帶來不同的感受。

舉個例子來說：

☆不愧是你呢。↓　〇〇做得很好喔，不愧是你呢！（※具體地表達）

☆這不是挺好的嗎？↓　我認為非常棒喔！（※強調好的程度）

☆你很有效率耶～↓　你工作真有效率！（※以具體行動表達）

☆你運氣真好耶～↓　運氣也是實力的一部分呢！（※講述誇獎的理由）

如何？相信各位都有注意到，只要稍微換個說法，就能大幅改變聆聽者對這句話的印象。此外，像這樣試著將自己帶入說話者的位置，你是否有發現自己雖然毫無惡意，卻經常在無意間使用負面詞句呢？

日本人在送伴手禮時經常會說：「這只是個無聊的東西……」然而你如果在國外說這種話，勢必會惹得他人不愉快，因為他們會覺得：「為什麼要送我無聊的東西？」這或許聽起來很像笑話，但都是真的。

嘗試讓大腦感到快樂

腦無法區分現實和理想，
因此我們不該想像現實，
而是要想像理想的模樣。

腦科學家　中野信子

我每天早上要花2小時來完成例行公事，因此不論是在自己家裡，還是到外地出差、住在飯店時，基本上都6點起床。

在家裡時，我會先幫佛壇和神壇換水並上香，接著雙手合十，看著家譜誦念祖先的名字。當然，家譜上的祖先我幾乎都沒有見過；即便如此，我們之間仍然有著屬於家人的連結——只要意識到這件事，就會對誦念的名字產生情感。

我早上一定要泡澡，所以會趁著放水的空檔，準備之後要發布在社群媒體（電子雜誌、部落格、推特、Facebook、Instagram、Voicy等）上的內容。通常是統整前一天準備好的資訊，抑或整理早上起床後想到的內容。

我至少會泡個20分鐘，並盡可能讓大腦放空，這時腦中會湧現各式各樣的靈感，實在非常有趣。不過主要是工作相關的內容，例如：今天要見面的人的形象、談話內容、要發布的內容主題、工作安排等等。

說個題外話，為了能隨時隨地將想到的靈感記下來，我在家中的每個角落都放了記事本。從床頭到客廳、廚房、廁所等各個地方都有，書桌上更要多放幾本。

因為靈感通常只是一閃而過，倘若沒有把握機會便會瞬間消失，為了不錯過靈感，一定要好好寫下來……

之所以在此分享我早上的例行公事，是想告訴大家，我能將這些例行公事作為習慣長久堅持下去的祕訣，就在於保持愉快的心情。簡單來說，只要那個**習慣能給予大腦喜歡、快樂、喜悅、興奮等舒適的感覺**，就能長久持續下去。

習慣能否持續下去，兩者差在哪裡呢？

答案就是**「腦是否能感受到快樂」**。

「一個人讀書很煎熬，大家一起讀書卻很開心。」
「減肥的時候很痛苦，吃美食的時候卻很高興。」
「省吃儉用的時候很辛苦，買東西的時候卻很雀躍。」

從先前介紹的腦部結構可知，習慣的維持時間與其快樂或痛苦的程度成正比。你可能會覺得哪有這麼單純，但事實上就是這樣。

如51頁的腦構造圖所示，在**大腦邊緣系統＝情感腦**裡，有個長約15～20毫米的杏仁型器官「杏仁核」掌握著關鍵鑰匙。

腦無法僅憑正確性來持續做某件事，必須伴隨著愉快等情感才能持續下去。

以下為大家介紹2種杏仁核所引起的反應：

◎趨近反應……對於能感受到「愉快＝喜歡、開心、喜悅、興奮」等情感的事物，會主動接近的反應。

◎趨避反應……對於能感受到「不快＝討厭、無趣、悲傷、不爽」等情感的事物，會主動迴避的反應。

當你想讓好習慣持續下去，抑或想改掉壞習慣時，只要妥善利用這2種反應即可。也就是說，只要換個說法，讓大腦對其含義留下深刻印象就好。

例如，你可以試著將「讀書」這個關鍵字輸入進大腦裡，倘若像本章開頭所寫的那樣，從腦中的記憶裡浮現：

「讀書好辛苦。」

「讀書好痛苦。」

諸如此類的不快感，那你可以換個說法，從不同的角度去看待：

「現在學到的事物能幫助我成長。」

「現在學到的事物能幫助我進步。」

如此一來，趨避反應就會變成趨近反應，這樣不僅能讓學習變有趣，連吸收的程度也會有所提升。由此可知，只要稍微改變說話習慣，便能讓無法持久的習慣和壞習慣得到改善，甚至連它們本身的含義都會隨之改變。

先前也有提到，只要換個方式誇獎他人，就能改變聆聽者對那句話的印象，其實這個方法對自己也非常有效。簡單來說，倘若能換一種讓腦感到**快樂和興奮**的表達方式，便能讓自己對這件事的印象從「趨避反應」變成「趨近反應」；「有點懶得做」的心情也會變成「好開心、好快樂」，進而培養出能長久堅持下去的好習慣。

「接下來要打掃廁所……」↓「接下來要來提升家裡的財運！」

「從今天開始我得早起……」↓「從今天開始，我要過得更健康！」

「接下來要去慢跑……」↓「接下來要去增強體力！」

「從今天開始我要培養讀書習慣……」↓「從今天開始，我要提升知識量！」

各位覺得如何呢？相信大家應該看得出來，這些都是日常生活中的小事。即便只是微小的差異，我們的腦也會照單全收，並試著將其反映在行動上。只要熟知腦的結構，就能輕鬆讓好習慣和長期習慣成為你的助力。

不過，前提是你必須擁有**「我做得到！」**這種強烈的信念。

你是為了什麼勞動？

最重要的決定不是決定做什麼，
而是決定不做什麼。

蘋果創辦人　史蒂夫．賈伯斯

本書的第1章，我特地選了「調整工作」這個主題，是因為我認為人類能透過工作，將自己磨練得更強大。

先前在序章也有提到，在人生的下半場或終章裡最重要的是**提升人間力，讓自己成為一個度量大的人**。

在至今為止的人生裡，我們累積了許多體驗和經驗，遇到的人更是數不勝數，飽嚐各種酸甜苦辣的滋味。然而很可惜的是，能明確掌握並理解自己到底是怎樣的人、性格如何、擁有哪種思考迴路和行動模式的人卻寥寥可數。

究竟該怎麼做才能提升自己的人間力、成為有度量的人呢？我認為答案只有一個，那就是透過**工作（勞動）**。

這裡所說的工作，並不是單指在某家企業上班。

付出勞力這個行為，可以說是**「讓他人更輕鬆」**。透過與他人接觸、交流，在某種溝通或關係的前提下，承擔起他人指派給自己、抑或自己必須做的事情，並花時間和勞力去完成它。

當然，在完成交代事項後，你會得到金錢作為報酬，但更重要的是**「你的存在對某人有幫助＝帶給某人喜悅＝讓某人感到輕鬆」**這個循環。不，應該說無法理解這一點，就無法讓自己成長。換言之，倘若你一直維持過去的思考方式和感性，便難以提升自己的人間力，亦無法成為一個有度量的人。

「你是為了什麼勞動？」

請你重新審視這個問題的根本。

同時我也希望你能重新思考「工作＝勞動」的意思和意義。

僅憑瞭解腦的結構和習慣機制，並無法改變人生，還請將這件事銘記在心。

寫出名著《活出意義來（Men's search for meaning）》的奧地利精神科醫生——維克多．弗蘭克曾說：

「不是我們問人生有何意義，而是人生時時刻刻在問我們生存的意義。」

換言之，我們總是接受著生命的拷問：「你究竟想活出怎樣的人生？」

你對此有什麼看法呢？倘若有人問你，你會怎麼回答呢？

你真的足夠瞭解自己嗎？

我經常撰寫的部落格裡，有一個專欄**「致成為社會人士的你們」**。內容如標題所述，是寫給即將成為社會人士的年輕人，此外……倘若各位不介意我在此提到個人想法，其實這也是我身為父親，想傳達給自己孩子們（兒子和女兒）的訊息。

因此，我想將之前發布過的內容稍作補充和修改，當作本章的結尾。可以的話，建議各位能開口唸出來。

希望能藉此多少改變你對「你是為了什麼勞動？」這個問題的看法。

隨著年齡增長，我們往往會揹負許多對自己來說不必要的事物。

為了在今後的人生裡培養出新習慣，我們必須重新審視自己的根本，這也會讓你對往後的生活產生更多期待。

隨著你逐漸成為社會所需的人，
我希望你不要忘記一件重要的事。
無論你做的工作多麼重要、
無論你身處的職位需要負起多大的責任，
請你要永遠、時時刻刻地將這件事牢記在心裡。

那就是……別忘記珍惜重要之人！
擁有一顆珍惜重要之人、深愛之人的心，比任何事情都來得重要！
員工、家人、搭檔、夥伴……以及你自己。
倘若缺少重要之人的支持，我們便無法生存下去。

「我非常感謝自己的員工、家人和夥伴。」
許多人會這麼說，但是否有將那份感謝具體表現出來呢？
例如，你或許會對家人說：

「我要出門了。」「我回來了。」
「我要開動了。」「我吃飽了。」
但你有像這樣：
「謝謝你幫我煮了美味的食物。」
「謝謝你幫我把浴巾洗得這麼鬆軟。」
「謝謝你一大早碰冰冷的水，幫我煮味噌湯。」
具體地傳達心中的感謝嗎？

在自我實現的道路上奮力前行，努力實現夢想、取得成功。
正因為你是這樣的人，
我才希望你不要疏忽對重要之人和深愛之人的感謝。

唯有在真正理解勞動的意義後，才能過上對人有幫助的人生。
還請你務必永遠珍惜這份情感。

第1章總結

◎不要迷失「我要為了〇〇工作」中的〇〇目標。
◎明確許下願望，累積微不足道的小事很重要。
◎重新審視勞動「很辛苦」、「很累人」、「很痛苦」這件事。
◎理解「目標意識決定人生」這件事。
◎熟知腦的結構。
◎熟知習慣的機制。
◎只要稍微換個說話方式，便能影響大腦。
◎要隨時意識到大腦是否感到快樂。
◎感到喜歡、開心、興奮的事情會變成習慣。
◎瞭解大腦邊緣系統＝情感腦裡的杏仁核的作用。

第2章

調整自己

你身邊有什麼樣的人？

鏡子會照映出人的長相，
但一個人的本質
會體現在他選擇什麼樣的朋友上。

《聖經》

當你在思考「工作」這個問題時，應該有許多人會感受到內心翻湧著某些情緒。其中有人會愈發焦慮不安，也有人會發現內心某些僵化的地方開始逐漸溶解，並拿到對未來有助力的線索。

其實無論在哪個年代，人們最不瞭解的總是自己。我認為這句話非常有道理，畢竟我們連自己的相貌、背後都需要透過鏡子才看得到，可見人類確實只能透過某些事物來瞭解自身的狀況。

但是，你現在必須重新整理與另一個自己的關係。請盡可能地客觀看待現在的自己，透過瞭解自己是什麼樣的人、有什麼嗜好和目標，幫助你構建未來的生活方式。

我經常會用導航來舉例，其原理是一樣的。

即便你清楚知道自己的目的地（想去的地方＝理想中的自己），但若是不知道目前的所在地，導航便無法派上用場，因為它不知道該從哪條路線前往目的地。而你在想像未來的人生時也是如此，倘若不知道現在的自己在哪裡（處於什麼狀態），恐怕會連前進的道路都找不到。既然如此，我們該如何瞭解並調整自己現在的狀態（所在地）呢？

有幾個方法可以幫助你知道。

例如，你可以試著冷靜地觀察圍繞在自己身邊的人都是什麼樣的人。正所謂**「他人（朋友）是自己的鏡子」**，只要知道自己身邊都是什麼樣的人，應該就能大致瞭解自己散發的氛圍了。

如同心理學中的「投射」這個詞所示，對象可以是自己的朋友、熟人或任何人。例如，一位總是笑容滿面、喜歡開懷大笑的人，身邊肯定也會聚集許多跟他一樣笑容滿面、經常開懷大笑的善人。

反之，一位總是陰晴不定、經常發怒的人，身邊也會聚集許多思想負面消極，並且有些難以接近的人。

因為工作的關係，我每天都會遇到許多人。雖然這只是一種直覺，但有些人在經過短暫交談後會讓人產生好感，有些人則難以產生好感。其中，我尤其喜歡那些願意承認自己的弱點、不以過去的失敗為恥的人。能勇於承認自身弱點、甚至將弱點轉為優勢的人極具魅力，有許多人也是因此很有人氣。

順帶一提，此處提到的「人氣」是指身邊聚集著人的**氣**。

「那個人好有人氣喔。」

意即其散發出的**氣**會吸引他人靠近。倘若散發的**氣**給人一種舒服或愉快的感覺，人們自然就會向他靠近，而那個人也會成為受歡迎的人。

你現在身邊有什麼樣的人呢？無論是公司同事、交情好的朋友、妻子、丈夫或小孩等家人都包含在內，姑且不論你們是否合得來，總之先仔細觀察看看，再試著調查他們的特徵和習慣、喜好等情報。像這樣如同照**鏡子**般分析現在的自己，也是一種瞭解自己的方法。

帶著信念生活下去

我們最大的弱點就是輕言放棄。
千萬不要放棄，
只要多嘗試一次，肯定會成功。

發明家　湯瑪斯．愛迪生

我剛剛說要冷靜地觀察自己身邊的人，但問我現在有多瞭解自己，老實說我也還一知半解。自從開始學習腦的知識後，我每天都在檢視自己的說話和思考習慣，並仔細觀察伴隨著習慣所產生的行為，藉此調整自己。

然而，我很大一部分是在幫助約6萬人養成習慣的過程中，看見和理解自己。透過與客戶接觸，讓我更加瞭解自己；光是觀察各位對我言行舉止的反應，便能讓我更深入地學習。

此外，還有一個瞭解自己的方法——**抱持信念**。

以我個人來說，我十分幸運地結識了幾位可以稱之為導師的人。雖然我如今仍在學習中，但透過與導師們交流，我能感受到自己的信念變得愈發堅固。藉由將所學之事實踐在人生中、以信念為人生主軸，就能逐步形成人生的輪廓。

擁有信念能讓人積極面對自己的人生，亦能讓人看見人生這趟宏大旅程的風景。因此，信念可以說是人生的導航。

我的其中一位導師是日本的形象訓練研究和指導先驅——西田文郎老師，他曾經如此教導過我：

「人生五計。」

這句話出自於中國的南宋時代，是一位因見識豐富而受許多人敬愛的官吏——朱新仲，為了讓人們活出更美好的人生所傳授的人生訓誡。

聽完這五計，不僅讓我瞭解自己的所在地（狀態），也讓我開始思考自己今後該做什麼——而這個想法，最終逐漸變成我的信念。

「生計、身計、家計、老計、死計。」

朱新仲將人生分成這5個階段，說明人該如何生存（生計）、立身（身計）、建立家庭（家計）、逐漸變老（老計），然後迎來死亡（死計）。當時的中國（12～13世紀）百姓平均壽命還很短，人生大約只有40～50年。將這個概念替換成百姓平均能活80～100年的現代版本後，應該會變成下列這樣：

請你在閱讀的同時，思考一下你現在處於什麼階段，應該朝著什麼目標前進？

①生計

0～20歲，從你出生到長大成人，學習作為人的基本知識的20年間。

②身計

20～40歲，出社會後開始賺錢，從父母身邊獨立，並擁有自己家庭的20年間。

③家計

40～60歲，察覺自己的使命，努力朝理想目標奮鬥的20年間。

④老計

60～80歲，認知到天運法則，默默為社會貢獻並尋求安穩生活的20年間。

⑤死記

值得感謝的80～120歲，超過平均壽命，感謝即將到來的100歲紀壽，並思考今後該如何度過餘生、是否會迎來120歲的大還曆的40年間。

各位讀者現在在哪個階段呢？儘管這已經是約900年前提出的人生訓誡，但其內容在現代看來仍然非常有道理。

想必也有許多人是透過「對工作抱持信念」，一路在社會和公司中努力奮鬥過來的。但是，在人生的下半場，比起第1章提到的「你是為了什麼勞動？」，你更應該思考對自己來說**生活的目的和目標是什麼**。

請你花時間想一想，自己是否想透過人生實現什麼事，抑或有什麼想做的事情。

例如，你可以為了提升自己至今以來的工作品質，自行去深入探究；也能將精力放在與周遭的人溝通一事上，努力生活下去。前提是你要去思考，在往後的餘生裡最想實現的事。

如果可以的話，你難道不想依照自己的信念來生活嗎？

你想將自己的餘生花費在什麼事情上呢？只要你沒有忘記自己訂下的目標，就能抱著信念持續堅持下去；反之，一旦忘記自己的信念，就等同於忘記自己的目標。我想閱讀到這裡的讀者們，應該已經很清楚漫無目的地生活會發生什麼事了。

當你對自己的信念感到迷惘時，不妨回想一下自己想藉由人生做什麼、得到什麼。這時候，確認為了達成目標，自己應該做什麼、應該以什麼為優先是很重要的。

透過種種反思，你將能貫徹自己的信念。只要你想實現的事情和目標能得到大眾的認同，其信念必定也能得到所有人的認同。

倘若能將這樣的生活方式作為一種「生活態度」傳承給你所珍視之人，那將是一件無比幸福的事，不覺得嗎？正因為我們如今都生活在激流中，擁有信念更是格外重要。要活出自我、快樂且神采奕奕地生活下去！

別緊抓著自己的功績

與其擔心自己的地位尚未確立，
更應該思考自己的存在意義；
與其擔心自己的知名度低，
更應該努力提升實績。

中國思想家　孔子

「別緊抓著自己的功績。」——我經常這樣叮囑所有客戶和學生。

當然，成功的經驗確實能促進下一次的成功；但你若想徹底調整自己，有時過往的功績和實績反而會成為你的阻礙。

所謂的功績，並不單指社會上的結果或成就。

「我努力將孩子撫養長大。」

「我拚盡全力突破了難關。」

「我一直很努力工作。」

「我長久以來一直守護著家庭。」

這些毫無疑問是功績，我也知道這都是非常了不起的事情；然而，這些都已經是過去式了。

至今以來，你應該默默地在與其他公司或其他人的競爭中，付出了許多努力。無論是在孩提時代、學校、職場抑或家庭裡，都要透過與他人接觸，才能建立起如今的地位和名譽。

但是，我想大膽地告訴你：

「請馬上捨棄這些過往、拋開執念吧！」

從今以後，你只需要與另一個自己競爭並共創人生。

這將會與你以往的經驗截然不同。只要沒有過去那種比較經驗，就不會對他人產生競爭意識。全部都是自己對自己，一切都發生在內心深處，答案也只存在於你自身中。

一個人是否能察覺並承認自己的本性，無疑會影響到他在餘生的幸福感。因此你必須意識到這一點。

接下來，我會告訴各位幾個提高自我意識的祕訣。

倘若有哪一點能打動你的內心，請立刻實踐看看。

◎請將心中的杯子朝上擺放，透過自我教育來磨練自己。

◎從小小的承諾開始也可以，請思考你能如何幫助他人、生活地區以及所屬群體，並在日常中付諸行動。

◎從現在開始也不晚，尋找一位人生導師吧！沒有導師帶領的人生是不幸的。即便只

是書中人物也無妨，請將他作為你的人生指南加以利用。此外，還要試著加深與導師的關係，讓自己能如海綿般快速有效地學習與吸收。

◎人際關係的本質在於質而不是量，但只要你還活在世上，就會遇到各種緣分。千萬別忘記養成習慣，細心對待並珍惜這些緣分。

另外，在此為各位介紹我的導師——西田文郎老師所彙整的**「不幸三定義」**：

其一，絕對不坦率說「謝謝」的人。
其二，嘴上說感謝，卻不報恩的人。
其三，以為只要口頭道謝就是在報恩的人。

人生的樂趣才「剛．要．開．始」。
請將這個不幸三定義銘記在心，並努力讓自己別變成那樣的人。
如此一來，你就能繼續受到幸運和運氣之神的眷顧。

從自我覺察開始

世上有一條唯一的路，
除你之外無人能走。
它通往何方？
不要問，走便是了。

哲學家　尼采

在至今以來的人生裡，我們每個人都積累了各種體驗和經驗，但隨著出生和成長環境的不同，沒有人可以跟他人經歷完全相同的境遇。再加上第1章提到的腦部運作模式的影響，即便有過相同的體驗和經驗，感受和理解的方式也會因人而異。

換言之，只要思考方式不同，不僅行為會產生差異，說話方式也會有所不同，因此可以說這個世上的每個人都存在著明顯的差異。我們的腦內儲存的記憶多到難以計量，有短期記得的記憶，亦有長期保存的記憶，同時還有沉眠在自己都無法意識到的大腦深處的記憶。

請各位參照91頁的圖。我們經常將人類的意識比喻為冰山，海面上可見的部分只是巨大冰山的一小部分，水面下其實還隱藏著龐大的冰山本體。

冰山露出水面的部分，在心理學稱之為「表意識」（意識活動），也就是自出生以來體驗到的肉體感覺和短期記憶。通常是由我們出生以來學到的事物（如：從父母、生活地區、學校、社會學到的經驗），抑或自己感受或思考的事情所組成。而且在日常生活中，我們主要依靠這些意識來進行判斷並付諸行動。

然而，那些看不到的部分、也就是隱藏於水中的大塊冰山，不僅儲存著過去的體驗和記憶，還隱藏著許多從精神層面獲得的感覺、長期記憶，以及受到精神壓制的記憶。

例如，很多時候你會想著：「好～來試試吧！」並嘗試付諸行動，但盤踞在潛意識裡的失敗記憶卻會突然浮現在腦海裡，使你裹足不前。

由於潛意識裡隱藏著失敗、恐懼、自我防衛本能等負面因素，其記憶量更是遠遠超過表意識，因此我們的思考和行動實際上可以說是受到潛意識的支配。

為了知道自己的本質，我們不能只看表面的自己，也必須瞭解自己的潛意識裡隱藏著什麼東西。

但是想深入瞭解自己並不容易，倘若沒有接受專業的指導，即便再怎麼努力自我探索，應該也難以經常觸及自己的內心深處。

這麼說來，難道我們真的無法瞭解自己的潛意識嗎？

人類的意識

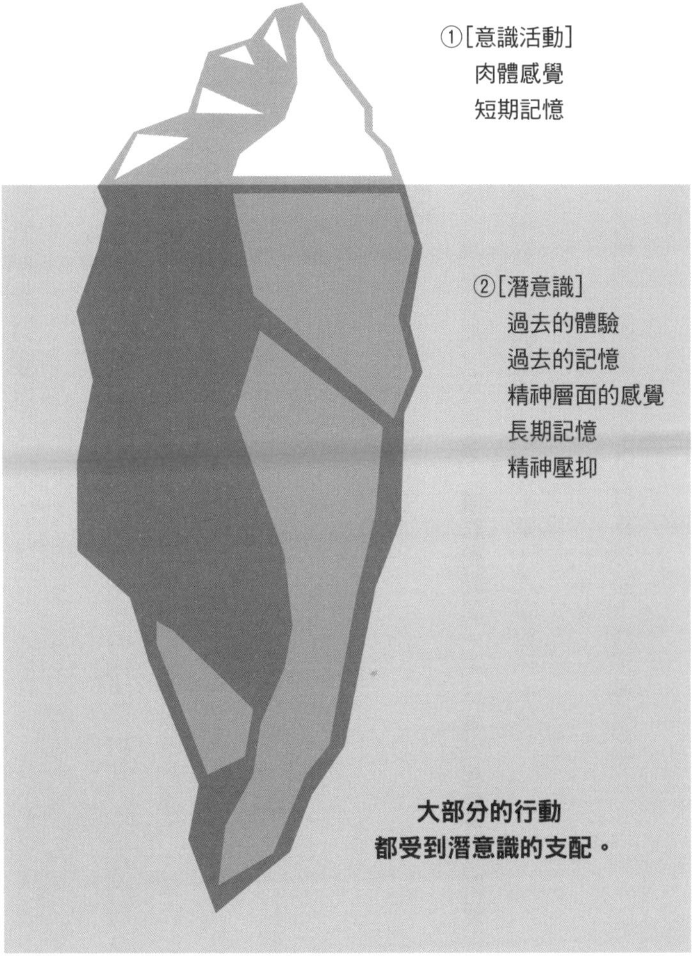
①[意識活動]
肉體感覺
短期記憶
②[潛意識]
過去的體驗
過去的記憶
精神層面的感覺
長期記憶
精神壓抑
大部分的行動
都受到潛意識的支配。

將意識集中在自身能看到什麼？

雖然我們幾乎不可能僅憑自身力量去瞭解潛意識裡的所有內容，但可以透過在日常生活中對自己提出各種問題（自問自答），或是不斷挑戰自己從未做過的事情，讓自己的潛在能力和隱藏的一面視覺化。

雖然這不是什麼厲害的方法，但我想跟大家分享一些自己實踐過、並讓我成功自我覺察的問題。也請各位試著在一個寧靜的地方，靜下心來問自己。

【第1步】勇氣和覺悟

- 包括**弱點**在內，請不要逃避面對自己的**不安、憤怒和疑問**，先試著**鼓起勇氣去察覺**自己的內在情緒，並**做好接受一切的覺悟**（可以的話，盡量寫下來）。

【第2步】改善

- 重新審視自己的不安、憤怒和疑問後，如果覺得有必要，就試著改善。

【第3步】坦率地接受

• 肯定會有人認為：「事到如今，已經無法改變自己了。」這時候，請先坦率地接受，**你現在所處的環境和狀況，是自己過去的言行積累所造成的**。

【第 4 步】對自我認同的察覺

• 你必須察覺自己的缺點、弱點以及廢物的一面，都是一種人格特質。此外，你要瞭解這絕不是在自我反省，而是在透過自我覺察來進行自我分析。

【第 5 步】察覺線索

• 如果你能察覺自己過去的言行對自己有負面影響，請記住，這將是教導你如何排解當前的不安、憤怒、過失和弱點以及痛苦的線索。

請你不要只問自己一次，而是反覆地詢問兩到三次。

以下是我親身試過的事情，在此分享給各位作為參考。

大家不妨也來嘗試看看。

◎試著聽聽看你從未聽過的音樂類型，藉此鍛鍊腦內用來挑戰新事物的機能，將新的聲音和感覺融入到自己內在（聽覺）。

◎試著做些伴隨新動作的挑戰，例如：參加各類主題講座，或是外出健走、參加慢跑同好會等等，練習尋找樂趣（行動力）。

◎久違地和朋友或伴侶一起去市區圖書館，看看圖書館員工推薦的書吧。這會讓你想起讀書能為我們大幅拓展世界觀，又能為我們提供多少動力（上進心）。

◎試著問自己許多問題吧。時而將自己的問題點寫下來，尋找各個問題點裡自己可以掌控的部分。只要仔細尋找，你會發現自己對那些阻礙問題解決的影響力，其實比想像中來得大。但大部分情況下，唯有在你克服恐懼時，才能發揮自己的影響力。因此你必須仔細檢查自己寫下來的問題點，並問自己：「阻礙問題解決的因素是什麼？」畢竟人生還很漫長（分析力、人間力）。

◎試著改變往返住家和職場或買東西的路線，偶爾也能刻意在住家附近迷路看看。或許會發現一些過去從不知道、值得探索的區域（視覺、體力）。

◎試著思考自己的人生目的，寫下你在達成基本事項（如：想過怎樣的生活、想在哪裡生活）後，還想完成什麼目標吧。這是在打造你的人生願景，不需要告訴他人，只要照著自己的想法修改就好！畢竟這是你的人生，想像不需要資格，更與存款多寡無關（想像力）。

◎試著聯絡多年不見的朋友，並且盡可能地約對方出來見面吧。這個過程通常會伴隨著許多發現和驚喜，甚至會為你的人生帶來刺激（刺激力）。

隨著不斷進行各種嘗試，無論是誰都會培養出靈活性，而這會讓你的人生擁有更多選項。

如此一來，你就能養成不被當前的工作或人生現況束縛的習慣。

所以，讓我們向執著於一個選項的自己告別吧！

當挑戰精神萌芽，你將會開始下意識（＝習慣）自由地懷抱夢想、描繪自身的可能性。別猶豫，隨心所欲地行動吧。

請不要忘記你擁有無限的可能性，人生的樂趣才「剛・要・開・始」。

實施心靈斷捨離

「有天」、「或許」、「暫時」
是你捨不得丟掉東西的藉口；
對未來的過度期待、對過去的美化，
只會妨礙你珍惜當下的生活。

取自株式會社ＯＳＣＡＲ部落格

「斷捨離」是一種將瑜珈思想落實於日常生活的整理術，由山下英子小姐所提出。意思是透過丟棄過去積累的無用之物，讓身心靈變得乾淨舒暢。

先前介紹過**以自問自答和挑戰新事物等方式來自我覺察**，雖然這些方法確實能有效地調整自己，然而潛藏在問題本質中的**不良思考習慣**往往非常強大，難以立刻消除。因為形成習慣的根本理由大多潛藏在潛意識深處，自己通常無法意識到。

「為什麼總是會那樣想呢？」

相信各位都曾對自己的想法和思考方式產生過疑問。

為了進一步得出解答，我想出了**「心靈斷捨離」**這個方案。

心靈斷捨離總共有15項，每一項皆是人人都有且渴望消除的習慣，希望各位可以藉此調整自己。

心靈斷捨離　15項

① 不要對你真正想做的事情抱有罪惡感。

→對自己坦率一點。

②**不要畏懼未知的世界。**

↓大膽地去做吧！

③**不要後悔。**

↓與其後悔或反省，更應該分析為何會失敗。

④**不要擔心。**

↓就算擔心，也只會讓自己感到焦躁。

⑤**不要抱怨。**

↓對於自己不喜歡的事物，只能接受或改變。

⑥**不要覺得自己很可憐。**

↓請明白這種想法沒有任何意義。

⑦**不要為了他人鞠躬盡瘁。**

↓請把自己擺在第一順位。

⑧**改掉凡事都要分出對錯的習慣。**

↓請知道人生也存在著灰色地帶。

⑨ **改掉還沒開始就放棄的習慣。**
↓任何事都要嘗試過後才會知道。

⑩ **放下對前戀人的憤怒。**
↓每一場結束的愛情都會變成令人懷念的回憶。

⑪ **不要總是預想未來的事。**
↓請知道有些事是在做的過程中才會明白。

⑫ **不要為錢煩惱。**
↓瞭解你現有的金錢價值，並正確地使用它。

⑬ **不要想改變他人。**
↓請明白這只是在多管閒事。

⑭ **不要總是配合他人。**
↓以自己為中心來生活吧！

⑮ **不要再自我厭惡**
↓請愛自己本來的模樣。

養成調整自己的每日習慣

只要平時有在注意環境整潔，
必定能為生活和工作帶來規律和秩序。

足球選手　長谷部誠

清理大腦

有一種習慣與心靈斷捨離十分相似，那就是**清理大腦**。

運動員之間，清理大腦被認為是一種非常重要的能力。一言以蔽之，就是**將某些事忘記**。

比賽發生的失誤或失敗經歷所帶來的負面情緒，會讓運動員的腦開始否定自己，進而導致能力大幅下降。所以，運動員必須盡快將那些事情遺忘，快速地轉換心情。對運動員來說，讓逐漸進入消極狀態的大腦，瞬間轉換回積極且神采奕奕的自我肯定狀態，是不可或缺的能力。

然而，這不僅適用於失敗經歷，其實成功經歷也應該一併忘記。因為不論是成功的喜悅還是過去的失敗，都會讓精神狀態變得不穩定。過於執著於成功，也可能致使無法發揮當前實力。

運動員重視的能力，勢必也能應用在我們這些普通人身上。無論你是要挑戰什麼事，還是想改變平時的感受或思考方式，都請勇敢地將過去失敗或成功的記憶忘掉吧！去除掉那些經歷所帶來的不安、擔心，抑或過剩的自信後，你就能完全專注於現在這個瞬間。

大腦裡並沒有過去或未來這種時間軸，一切都只存在於**現在這個瞬間**。因此，不論是對過去還是未來的不安和擔心，全都會影響到「現在」。

請你試著回想，嬰兒從爬行階段到開始學走路時的模樣。

即便不斷摔倒、哭泣，但每次止住淚水後，他們還是會繼續試著往前行吧。就算再次爬起來後，仍然一再摔倒、哭泣，他們也絕對不會放棄。

「剛才試過那麼多遍了，這次肯定也會失敗吧，我不做了。」

大家應該都沒看過這樣的嬰兒吧。

正因為嬰兒尚且缺乏人生經驗和體驗，才會不把失敗當作失敗，只是憑藉著想要站起來走路的念頭，坦率地付諸行動。我們起初也是這樣，卻隨著人生經驗日漸累積，開始不分好壞地限制起自己的行動。

所謂的清理大腦，其實是一種自我暗示。關鍵在於你能讓自己的想法從消極轉變為積極到什麼程度。當我們無法改變已發生的現象時，只要換個思考方式，就能改變你對那個現象的看法。

「正因為是可以解決的問題，才會感到煩惱。面對無法解決的問題，我們往往只會感到絕望，無法進一步煩惱。正在煩惱的我，真是個幸福的人。」

就像這樣，只要改變對煩惱的看法，就能讓煩惱變成一件幸福的事。

先前說過杏仁核能感知到愉快與不快的感受，可以的話，請盡量向大腦灌輸「愉快」這種正面的意象。

不論是基於事實產生的真實不快情感，還是透過思考或想像描繪出來的愉快情感，都會作為記憶數據存留在大腦裡。透過清理大腦，可以隨意改變人類的情感。根據你輸入的數據內容，即便是深陷不幸的感覺，也能瞬間變成幸福的心情。

早晚調整氣的方法

日語當中，有許多用到**「氣」**的詞彙。

例如：**元気（有精神）、勇気（勇氣）、気質（氣質）、健気（有活力）、人気（受歡迎）、弱気（懦弱）、活気（活潑）、気合（幹勁）、気心（性情）、雰囲気（氣氛）、不気味（可怕）、無邪気（天真）、意気消沈（意志消沉）、一気呵成（一氣呵成）**等等，不勝枚舉。

中國在許久以前就十分盛行氣的研究了，例如太極拳和氣功等運動，就很重視氣的流動。那麼，「氣」究竟是什麼呢？是指驅使人類行動的能量來源嗎？還是精神或情感上的變化呢？

雖然我也不清楚具體詳情，但正如「元気」一詞所示，相信大家都看得出來，氣這種東西愈多愈好，甚至對健康有益。因此我想告訴各位提升和鎮定**氣**的方法，那就是**在早上自我激勵、在晚上自我鎮靜**。

【早上的自我激勵】

早晨是一天的開始。而一個人早上在大腦中產生的想法，甚至能決定當天的運勢。也就是說，早上的大腦狀態和杏仁核的反應，會影響到一整天的狀態。

「今天要和不擅長相處的人見面。」

「我不喜歡今天的商談對象。」

「今天要去處理客訴，真鬱悶。」

「總覺得有點沒幹勁。」

「今天要跟討厭的上司面談。」

倘若以杏仁核感到不快的狀態下開啟一天，那天將會變得非常糟糕。消極的想法會籠罩你的心靈，亦有可能讓你整天都處於悲觀的情緒當中。正因為一日之計在於晨，早上讓大腦抱持著哪種想法是很重要的。

先前在第1章也有提到，我在自己家裡時，習慣每天幫佛壇和神龕換水、上香，並在其面前雙手合十。而且，不論是在家裡還是出差住在飯店，我都習慣拉開窗簾，面朝天空、雙手合十，誦唸著曾祖父、曾祖母等祖先們的名字（多年前甚至還製作了家譜）。

「謝謝您讓我今天也精神飽滿地起床了，希望您能保佑我一整天都充滿活力。」

像這樣向天空祈禱，是我每天必做的事情。

其實這也算一種清理大腦的方式，將正向的想法和情感用語言表達出來，再從自己的耳朵重新輸入、覆蓋掉負面想法，這樣就能控制自身情感，讓今天變成美好的一天。

完成早上的例行公事後，接著就能透過自我激勵來提升氣，讓大腦處於興奮狀態。其方法只要在洗臉時，對自己精神喊話就好，下列為大家介紹自我激勵的流程。

首先，請你看著鏡子裡的自己，並反覆告訴自己：

「感覺今天的運氣也會很好。」

「今天的工作肯定會對我很有幫助。」

「我一定要讓今天遇到的人很開心。」

「有種被感謝的感覺。」

接著再以肯定的語氣，將這句話對自己說5遍：

「今天運氣也很好呢，謝謝你。」

最後，再緩慢地將這句話對自己說3遍：

「我的運氣很好。」

若能每天早上都這樣提升自己的**氣**，再展開一天的行程，就能確實讓大腦留下愉快的感受，並充分地發揮其功用。

【晚上的自我鎮靜】

睡前透過自我鎮靜來鎮定氣，效果會非常好。

相較於早上要下達「我運氣很好」的自我暗示，晚上則是要感受**「今天真幸運」**、**「我很幸運」**等自我暗示。

如果當天發生了某些負面的事情，就要用正向想法覆蓋那些記憶，讓杏仁核變回愉快的狀態。因此，我們應該讓自己的情緒在睡前達到最佳狀態，並對自己下達暗示，告訴自己今天一整天都非常幸運。

首先，請你反覆告訴自己：

「今天一整天都很順利，我真幸運。」

接著再以肯定的語氣，將這句話對自己說5遍：

「今天太幸運了，謝謝你。」

最後，再緩慢地將這句話對自己說3遍：

「我很幸運。」

進行自我暗示時，最重要的是語氣必須足夠堅定，例如：

「我很幸運。」

「我的夢想實現了。」

即便事實並非如此，也要避免使用許願般的語氣進行自我暗示，例如：

「我希望能～」

「我想要～」

「要是能～就好了。」

我們的大腦無法轉換這些話語，而且這些話其實都含有「或許辦不到」的意思。

最強的清理大腦方式就是「感謝」

第2章的最後，我想跟大家介紹一個**最強的清理大腦方式**。

只要你能徹底瞭解、理解這件事，就能大幅改變調整自己的方式。因為這真的很重要，還請各位務必銘記在心。

那就是**懂得感謝**。

人類之所以能存在於世，是因為我們與各式各樣的人有著連繫，而且毫無例外，任誰都無法在不與他人接觸的情況下獨自生活下去。重點在於你是否能想像這件事，又能否對他人抱持著感恩的心。

不過，這個方法一旦使用不當，便可能釀成大禍。舉個極端的例子來說，邪教教主就是藉此讓教徒認為自己是世上最偉大的存在，所以絕對不能帶著惡意去使用它。

因為**感謝的力量就是如此強大**。

就某種層面來說，這個方法跟洗腦擁有同樣的效果。當我們腦內的**杏仁核感到極度愉快時**，便會引發不可思議的事情。

杏仁核對於愉快的認知會傳遞到下視丘（大腦內負責傳遞嗅覺以外的各種感覺訊息到大腦皮質的部位，稱為「視丘」；下視丘位於視丘前下方，具有控制自律神經系統的高級中樞神經，以及掌管體溫、睡眠、生殖、代謝等的中樞神經），並根據其指令讓全身的自律神經和荷爾蒙產生變化。

尤其是腦內荷爾蒙的變化會使大腦充斥多巴胺，讓你覺得一切看起來都非常美好。

舉例而言，以下兩句話乍看十分相似，實際上意義卻完全不同。

「因為感謝而覺得那個對象看起來很優秀。」

「面對優秀的事物，就會覺得感謝。」

盲目地崇拜某物或某人時，便適用於前者的表達方式。在不瞭解對象（人或物）本質的情況下，只因為感謝就認為對方很優秀，這件事其實是很可怕的，希望各位能明白這點。

感謝和信仰一樣，會讓杏仁核處於百分之百的愉快狀態。因此我們在覺得感謝時，大腦這台超級電腦就會毫無顧忌地進入愉快狀態，完全解除自我防衛本能。

這個機制實在很不可思議。時至今日，我們對大腦仍有許多不解之處，連科學都還無法觸及。

所以，你可以用較極端的說法、甚至說謊也沒關係，只要能心存感謝就贏了。

- **感謝今天。**
- **感謝自己的人生。**
- **感謝能活在世上。**
- **感謝祖先。**

- **感謝父母。**
- **感謝願意陪在自己身邊的伴侶。**
- **感謝自己的職業。**
- **感謝那些有意義的工作。**
- **感謝公司。**
- **感謝上司。**
- **感謝自己很幸運。**
- **感謝自己的運氣。**

隨著心中的感謝愈發強烈，你的運氣和幸運程度也會日漸上升，甚至會覺得身邊的人看起來都很優秀。

換言之，只要你對某人事物心存感謝，其在你的眼裡就會變得很優秀。

感謝是最厲害的自我暗示

我相信本書的讀者應該都能做到這點，但其中肯定也有不善於感謝他人的人。

「無論如何都沒辦法感謝他人。」

每當遇到這樣的人，我都會告訴他下面這則故事，幫助他想像自己現在為什麼能站在這裡。而聽完這則故事後是否能心存感謝，取決於每個人的感性程度。

〔生命的連結〕

我有雙親，也就是我的父母。

而我的雙親（父母）又各自有他們的雙親（祖父母）。

光是這樣就有4個人了，但4位祖父母也各自有他們的雙親（曾祖父母）。

像這樣追溯自己的父母、祖父母、曾祖父母，大約追溯個20代後，總共會有104萬8576位祖先。

此外，如果再進一步追溯到30代之前，時間應該可以追溯至平安時代末期到鎌倉時代，總計人數將高達10億7374萬1824人。

請你發揮一下想像力，倘若你追溯的這30代、總共10億7374萬1824人當中，有一個人因為某些原因提早死亡，抑或找了不同的伴侶，你就不會誕生於世了。

當然，如果是我的祖先遇到這種事，我也無法誕生於世，更無法寫下本書與各位讀者相遇。

正因為無論在哪個時代，每個人都竭盡全力、認真且盡職地過完他們的人生，才有現在的你和我。

聽完覺得如何？是否自然而然就湧現出感恩之情了呢？

應該會發自內心地想對那10億7374萬1824位祖先說聲「謝謝」吧？

俗話說：「別以為你是自己一個人長大的。」其實應該說：「你真的以為你是靠自己擁有現在的生命嗎？」

我們都是基於奇蹟般的機率，現在才能活在這個世上。

撰寫本書的我今年64歲，能夠繼續活在這個世上，讓我覺得自己無比幸運，甚至可以說自己是最幸運的人。

雖然不知道自己這輩子能活到幾歲，但能像這樣活用這條承接而來的生命，讓我由衷地感謝自己的人生。

這對你來說也適用。

你的人生中所遇到的奇蹟，就是現在站在你面前的人。除了父母、伴侶、子女以及朋友之外，也包括那些經常與你競爭的人，抑或職場上的刻薄上司、自私且愛抱怨的客戶，你都必須對他們心存感謝：

「謝謝你們與我相遇。」

每當有新的際遇，我都會不禁這麼想：

「真幸運。」

「真幸運。」
「謝謝你。」
「謝謝你。」

只要以這個方式生活下去，你今後肯定也會遇見能為你帶來好運的人。這樣的感受和想法，就是最強的清理大腦方式。

「若想調整自己，我必須做什麼？」

無論幾歲，都應該從身邊的人事物開始著手。那些苦於伴侶關係、因為育兒而忙得暈頭轉向的人，抑或為朋友之間的距離感感到困擾的人，請對這些讓你煩惱的環境和狀況心懷感激吧！

第2章總結

◎請觀察自己身邊有什麼樣的人。
◎若想瞭解自己，擁有信念是非常重要的。
◎別緊抓著過去的功績不放。
◎要經常透過自問自答來認識自己。
◎實施心靈斷捨離。
◎透過清理大腦，讓自己專注於「現在」這個瞬間。
◎透過早上的自我激勵，讓一整天保持愉快。
◎透過晚上的自我鎮靜，用正向想法覆蓋負面記憶。
◎感謝是最強的清理大腦方式。
◎認識生命的連結，瞭解自己是奇蹟一般的存在。

NANIMEN的獨白

我是為了活出自我，才誕生在這個世界上。

你也是為了活出自我，才誕生在這個世界上。

活出自我是我的使命，亦是天命。

對你來說，

活出自我也是你的使命，亦是天命。

僅此而已，

卻是非常重要的事。

我們誕生於世，

並不是為了成為那些人為塑造的價值觀中的事物。

無論這個世界處於什麼狀況，都不要受其左右；
我就是我，你就是你。
你是這個地球上唯一的「自己」，請你活出自我；
你是為了讓自己發光發熱，才誕生於世的。
所以……你可以維持現在這個充滿喜怒哀樂的自己，
即便是不成熟又不完美的自己也沒關係。
這樣的你就很好了。
活出任何人都無法模仿的自己，
便是我們誕生於世的理由。

所以，無論現在的自己如何，都請你別討厭自己。
請不要否定自己，也不要責備自己。

你只要保持原樣就好；
若非如此，宇宙將不再閃耀。

一切永遠是從自己開始！
我們每個人，只要做自己就可以了。

不論你再怎麼努力尋找，都找不到所謂的「快樂人生」。
似乎有很多人認為，這世上存在一個讓人生變愉快的流程，
只要順著它走就沒問題了……

但重點其實在於「如何享受人生」。
別總是想著尋找快樂的人生，而是要去發掘人生的享受方式。
如此一來，你就能讓人生變得更加充實。

該怎麼讓自己的日常生活變得愉快又充滿期待呢？
這並不取決於你的周遭環境，而是你的心態問題。

為所有事情賦予意義的人，始終是你自己。

這世上不存在所謂的「討厭的工作」和「不喜歡的工作」。

歸根究柢，是你對工作賦予了這樣的意義；
而這其實與你的主觀思考有關。

既然如此……為什麼不試著擴展賦予意義的範圍呢？

如此一來，肯定能看到不同的世界吧。

來試試看吧！
只要為所有事情賦予「享受」的意義，
勢必能享受人生的每個過程。

我決定要過一個讓自己都驚訝的快樂人生，
每天、每天都有各式各樣的事情發生。

來吧，不要回頭。
無論何時，我永遠都要向前走下去！
不要沉浸在結束的悲傷之中，
無論何時，我永遠都要快樂地活下去！

我要從各種苦難中爬起來，
活出一個充滿喜悅、讓所有人都驚訝的人生！

人生在世，難免會遇到許多悲傷的事；
但是，肯定也有許多快樂的事。

無論內心再怎麼被黑暗籠罩，
也要像太陽般始終如一地閃耀著生活下去。

放下已經過去的昨天，也別緊抓著還未到來的明天！
請把握今天這個無可取代的……「此時此刻」。

我要竭盡全力地活出一個開心到自己都驚訝不已的人生！

當然，我也會作為一位對大家有幫助的人活下去，
因為這就是我誕生於世的理由……

想像是自由的。

思考不會受地位和金錢限制，
更與你的社會背景無關。

你能自由選擇要如何看待自己的未來。

你能認為「反正不可能」或「像我這種人才辦不到」，
亦能認為「我要活出閃亮的人生」或「我或許做得到」。

這兩者都不是取決於現在的環境或情況，
而是取決於你的想法。

去做你想做或想嘗試的事情，
成為理想中的自己吧。

請在心中想像：「正因為是我才做得到。」
並從自己力所能及的事情開始著手。

倘若有所阻礙，
那肯定是你心中懦弱的想法。

自己的人生不能怪任何人。

口號是：「我沒問題的。」
來，讓我們愉快地實踐吧！

請你清楚意識到自己心中的拼圖。

人生就像一個巨大的拼圖遊戲。

要先確認過每一塊拼圖（經驗），才能將其拼湊起來。

有時也會因為誤會或錯覺，
不小心放到相似但不同的拼圖。

不過當一組拼圖成形時，
你會發現沒有一塊拼圖是多餘的。

只要少了任何一個體驗或經驗，便無法完成這組拼圖。

請你將注意力放在每個瞬間發生的事情上。

有時會遇到美好的經驗，有時也會遇到不愉快的經驗。

但不論發生什麼事…

「這樣就好。」

「我要記取這次的經驗。」

「完成的拼圖實在太美麗了。」

來吧，今天也要更確實地拼湊這組拼圖。

語言當中蘊含著言靈，
語言有著不可思議的力量。

正因如此，我們才要珍惜與語言的相遇。
所謂運氣好的人，就是「能遇到好話的人」。

就像遇到某個人就能改變人生一樣，
在人生中遇到好話同樣很重要。

因為好話就是運氣。

我的人生也受到許多話語的拯救，
進而得到了覺察和實踐的勇氣。

若想提升運氣，就必須學著說好話。

是否知道哪些話是好話，
也會影響到當下的判斷基準。

我們每天都要做出無數選擇，
而那些選擇造就出現在的我們。

當一個人做選擇時，
通常會以自己的價值觀為基準，
如今我們必須努力提升那個基準。

為此，必須學會善用「語言」。

隨著你學會更多說詞，選擇的基準也會日漸提高；
最終，你的人生將會好轉。
無知就是最大的成本！
今後也讓我們一起學習和實踐吧。

（譯註：NANIMEN取自「なにわのメンター」，為作者吉井雅之的暱稱。）

第3章

調整生活

所有人都是
自己人生的經營者

我每天都會問自己這個問題：
「我現在正在做的事，
是我所能做的最重要的事嗎？」

Meta共同創辦人　馬克．祖克柏

我身為習慣養成專家，總是向各式各樣的人傳達習慣的重要性，但同時也持續利用本業（＝經營顧問）的經驗和實績，擔任眾多公司的經營顧問。

經營就是做生意的意思。除此之外，還必須制定組織架構並實踐制度，讓公司得以正常運作。但正如之前的章節所述，我認為經營的精髓在於**透過企業活動幫助他人獲得幸福，並讓他們感到喜悅**。

此外，**「經」**這個字的詞源有「筆直通過的縱線」之意，同時意味著**「事物的道理和真理」**。也就是說，經營事業並不只是為了賺錢，而是一種透過經濟活動來實踐「什麼是幸福？」的使命感，是具有深度的行為。

那些聘用我擔任顧問的公司老闆們，即便在新冠疫情大流行的期間，仍然能運用智慧和努力來達到增益效果。儘管營業額持平或略有下滑，都確實提高了利潤。

而這些成功經營者都有一個共通點——

為人率直且熱愛學習。

他們不僅愛讀書，而且不論再忙，都會抽出時間去學自己想學習的事物。同時還具備優秀的輸入能力，能立即將所學知識付諸實踐，這也是他們的共通點之一。

為什麼我要在「調整生活」這個章節提到經營的事呢？

因為現在正在閱讀本書的你們，每個人都是一間名叫**「我的人生」的公司經營者**。

或許其中有人會排斥使用「經營」這種說法，不過我希望你可以仔細想一想。

老闆通常要制定計畫、製造產品、進行採購、執行市場行銷、思考該提供顧客什麼服務等等……而且不僅要關愛員工，還要為這些相關人士著想，每年制定經營計畫，探索企業的發展方向和未來願景，這些都是老闆的職責。

你怎麼看呢？倘若將這個角色套用進你的人生，你應該也稱得上**一位出色的經營者**吧。

因此，我希望各位能以一位老闆的氣魄去看待自己的人生，並履行「調整人生」這個核心概念。

在思考「生活」時，將其換成「生存」或許會更容易理解。

對於即將從40歲後半邁入60歲的人來說，現在正是你們要開始思考該在這段人生留下什麼果實的時期。有很多人即便到了這個年紀，仍然抱持著「走一步算一步」的心態，一直用年輕時期的思考方式去看待每件事。但這樣的生活方式，真的能成為別人的榜樣和典範嗎？

每當談論到這個話題，必定會有人說：「我有自己的生活方式。」這時我都很想問他：「你是不是太小看人生了？」

若你早已做好一個人生活下去的覺悟，那倒另當別論。

「我有我的做法。」

「我至今以來都是走一步算一步，不也過得很好。」

偏偏喜歡說這種話的人，最終都會牽連身邊的人，形成一個群體。

如今是時候學習讓自己精神獨立了吧。

雖然本書一直在告訴各位「人類無法獨自存活」，但我認為在今後的時代，我們需要的是能作為獨立的個體自立、自律，並且對某種願景和思想產生共鳴、互相幫助的**真**

正的夥伴；而不是為了互相排解寂寞，隨便找個理由，結交一些能互舔傷口的夥伴。

到了這個年紀，不僅物質和經濟層面需要取得實質性成果，精神層面也應該慢慢取得一些生涯成果。

現階段最重要的是人生晚年的生活規劃。也就是說，我們必須重新審視自己的人生——在反思工作意義、調整完自己後，好好地重新組織自己的日常生活。

經濟層面的觀點，我會在下個章節詳細說明，現在先讓我們重新檢視自己對人生的態度吧。為此，你可以回顧一下自己過去的人生，並試著將內容寫下來。

沒錯，像這樣寫下類似**自傳**的紀錄，也有助於調整生活。

若能將人生中發生的事都一一寫下，自然再好不過；最重要的是要寫出你對那些事情的感受。

「好寂寞。」

「好痛苦。」

「好生氣。」

「好開心。」

「讓我非常感激。」

透過這個方式，你心中應該會湧現各式各樣的情感，藉此好好回顧自己至今以來的生活方式和價值觀。

接著將那些情感重置，從今天開始重新出發。

抱持著「今天就是我餘生中最年輕的一天」這個想法，去調整生活吧！

試著在生活中有意識地呼吸

若問什麼東西對樹木來說最重要，
大部分人都會說果實，
但其實應該是種子才對。

哲學家　尼采

當我們想去完成某件事時，經常會因為對目標（結果）的想像過於強烈，而無法邁出第一步，只能在原地躊躇不前，我想這個經驗應該每個人都有過。尤其現代社會以網路資訊為主流，有很多充滿誘惑性的資訊會讓你在還沒開始前就做出定論。

就連那些以前必須到世界各地旅行才能看到或瞭解的事物，如今也只需上網查詢就宛如實際去過一趟般，著實令人害怕。

很多人聽到「調整生活」，就會馬上聯想到時下流行的極簡主義（食衣住等方面都只用最少量的必需品生活），試圖整理一些有形事物，但本書想探討的是更根本的問題。在沒有整理根本（目前狀態）的情況下，必然沒辦法整理生活。

在這裡，我想介紹各位一個方法——**調整呼吸**。

直到上一章為止，我都在跟大家講解腦的運作與習慣多　息息相關。而讓人類能想像各種事物的想像力（創造性），之所以在潛意識下更容易發揮，據說就是因為大腦在處於放鬆狀態的同時，也保持著適度的緊張感。

雖然有許多方法都能讓大腦放鬆，但「呼吸」這個行為不僅對我們而言不可或缺，還能隨時隨地進行，不需要花費任何費用。而且只要專心調整呼吸，就能立刻看到效果，可說是很有效率的辦法。

根據醫學分析顯示，呼吸具有以下作用：

透過呼吸，會使肺部吸入的氧氣溶解於血液中，再經由微血管傳送到全身細胞。倘若緩慢地深呼吸，肺部吸入的氧氣量則會增加，進而促進血液循環，讓氧氣能快速傳送出去，最終達到活化全身細胞的效果。

接下來，為大家介紹3個必須重視呼吸的理由：

①可以解決氧氣不足的問題

經常在辦公室工作的人很容易駝背，導致呼吸變淺。此外，疫情後戴口罩的需求增加，也使許多人氧氣攝取量不如以往。然而一旦缺氧，便無法為細胞提供所需氧氣，導致能量生產量下降，使人難以消除疲勞；肌肉中的氧氣量不足，也容易引起肩膀酸痛和腰痛等問題。不過，只要適度深呼吸就能緩解缺氧狀況，並且改善這些症狀。

②提升放鬆效果，減少壓力

深呼吸會讓副交感神經更容易發揮作用。也就是說，只要血管放鬆，血壓就會下降，進而達到放鬆身心的效果。此舉不僅能穩定心情，壓力也會自然地減少。

③提升專注力

倘若大腦裡的氧氣量減少，專注力和思考速度都會下降。這時只要有意識地適度呼吸，便能解決缺氧問題，並提高專注力。

為了讓腦保持在放鬆狀態，有人會嘗試冥想或正念，亦有許多人會透過打坐來消除雜念，體驗無的境界。而在進行冥想或打坐時，最重要的就是呼吸。

順帶一提，打坐是臨濟宗和曹洞宗等佛教宗派的修行方式之一。在當時大腦機制尚不清楚的時代，居然能想出如此厲害的方法，實在令人敬佩不已。如今科學上也已證明，人在打坐時會產生一種α波，讓大腦得以深入放鬆狀態。換個角度來看，這也算是一種值得誇耀的日本文化。

此外，亦有人稱α波為「專注力腦波」或「創意腦波」。要產生這個腦波並不難，只要透過呼吸即可輕鬆控制。

人在焦躁不安或緊張時，經常會呼吸短淺，使大腦無法得到充足的氧氣。久而久之，大腦就會記住呼吸變淺時是「現在有點緊張」、「現在不太冷靜」的狀態；反之，深沉而緩慢的呼吸則會被記憶為「現在處於深度集中」的狀態。因此只要有意識地控制呼吸狀態，便能欺騙大腦，讓大腦產生α波。

這世上有許多呼吸方式，但比起胸部上下起伏的胸式呼吸，膨脹腹部的腹式呼吸更能有效調節呼吸狀態，因此我想介紹給大家試試。

希望各位也能在日常生活中採取這種呼吸方式。

腹式呼吸法

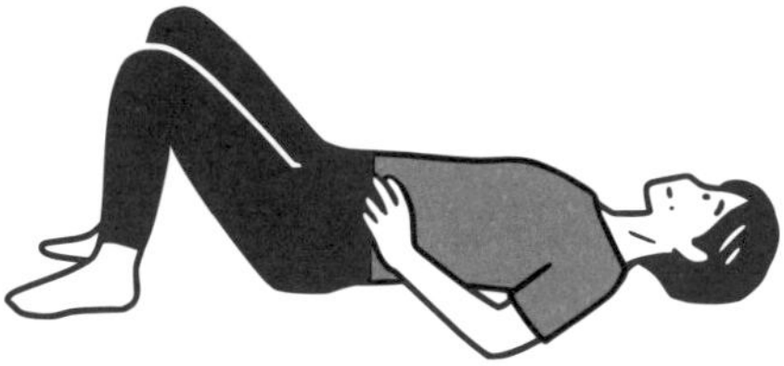

❶將肩膀的力量放鬆，並向後仰躺，接著將手放在肚臍上方（直到習慣為止，建議在安靜的地方練習）。

❷一邊輕壓腹部，一邊以從腹部擠出空氣的感覺慢慢吐氣。吐完氣後，再大力地呼一口氣（待徹底吐完氣之後，請感受一下肚子是否變扁、腹肌是否變硬）。

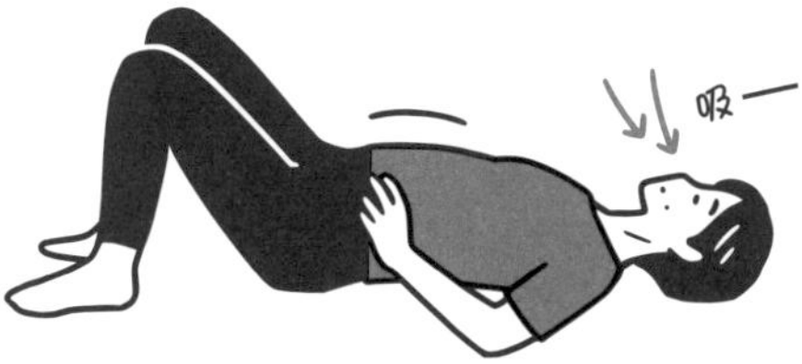

❸慢慢地用鼻子呼吸，同時確認肚子是否膨脹，而後重複①～③的動作數次。每次呼吸的間隔為吸氣5秒、憋氣5秒、呼氣15秒。初學者可以先用吸氣3秒、憋氣2秒、呼氣8秒的頻率練習。

調整生活的9個練習

從你想改變人生的那一刻起，
你的人生就開始改變了。
是否擁有這個覺悟，
會成為你改變人生的契機。
而當你正式付諸行動時，
你的人生其實早已改變。

NANIMEN

①養成習慣時刻活在當下

AI（Artificial Intelligence＝人工智慧）技術和其他最新科技，讓我們人類的生活變得愈來愈方便。然而隨著科技進步，如今也有人擔心某些現有職業會面臨消失危機。

我會將各種資訊上傳到社群媒體，算是受益於這些技術的人之一，不過我時常提醒自己，不要沉迷於方便的魅力而迷失自我。

資訊固然重要，但如果接收太多或太過依賴，便很容易動搖自己的主軸，甚至迷失自己**現在的所在地**。

最重要的是**活在當下**，做適合自己的事、活出符合身分的自己。**只要履行自己的本分，並且活在當下就可以了**。事實上，即便為各種資訊患得患失，過度地自我膨脹，將資訊投射在過去或未來的自己身上，也無法改變任何事情。唯一能知道的，應該就只有「此時此刻」自己並不在「這裡」吧。

若是使用資訊的方法有誤，導致自己的主軸受到動搖，人類好不容易創造出的技術和智慧也會變得本末倒置。

「現在」這個眼前的現實，其實就能清楚地告訴我們一些訊息。我們從現實中學到的其中一個普遍法則，就是做好事有好報，即**種善因結善果**；反之，做壞事會有報應，即**種惡因結惡果**。

那麼，什麼樣的事情才算好事呢？善盡自己的本分，正是所謂的善因。不論是我還是你這個人的存在，都不會優於他人、亦不會劣於任何人，淡然地做好自己該做的事即可。

換言之，我們只要專注於眼前該做的事情就好。倘若那條通往目標的道路是善因，就會結善果；若是惡因，則會結惡果，僅此而已。僅靠人類的力量並無法改變這件事，最重要的是別忘記種什麼因就會得什麼果。

你應該做的事，就是你現在在做的事。「現在」才是最重要的，所以要全力以赴、用心做好現在正在做的每件事。

無論身處於哪種環境或狀況，現在這個瞬間，你的眼前必定有某些需要做的事，請用心去完成它吧。

你是否能做到呢？

人生是由無數個名為「現在」的瞬間積累而成。

因此我希望各位能好好珍惜活在當下。

② 養成習慣早起享受清爽又充實的早晨

「我要早起享受一個清爽又充實的早晨。」

我是在創業幾年後，才開始實踐早起的。創業初期，無論做什麼都像在空轉，讓人難以掌握自己的工作節奏和生活規律。但自從試著將一天開始的時間提早幾小時後，我感覺所有事情都漸漸好轉了。

早起所帶來的效果不僅無可估量，甚至難以用三言兩語表達。不過簡單來說，就是生活變得更井然有序了。

我認為一天的品質取決於你如何度過當天的早晨。

例如，對於有工作的人來說，一旦早上賴床就無法調整好工作狀態，而且整天應該都會有落後他人一截的感覺；相反地，如果能早點起床，就會有充裕的時間準備，也不會被打亂步調。

即便是休假日，我也會提前一天安排好計畫，並按照計畫度過那天。就算只是外出散步，我也不會抱持著「有空就去」的心態，而是事先規劃好明天幾點要出門、走哪條路、幾點回家。

以我個人來說，我還會事先決定好明天的上午11點到12點這60分鐘是放空時間，並在這段時間內讓身體和大腦好好休息。

因此我十分推薦各位**事先規劃好行程**。正好起床是所有人每天必做之事，就讓我們從在設定好的時間起床開始吧。

當你決定好起床時間後，請將注意力集中在**前一個行動**上。

以下為實際範例：

◎**就寢**　↓　前一個行動為**洗澡**

◎**洗澡**　↓　前一個行動為**吃晚餐**

◎**吃晚餐**　↓　前一個行動為**回家**

◎**回家**　↓　前一個行動為**下班**

◎下班　↓　前一個行動為**上班**

◎上班　↓　前一個行動為**從家裡出門**

像這樣回溯一整天發生過的事，自然就能推算出早上需要在幾點起床。而事先決定好早上起床的時間，也有利於安排晚上的就寢時間，讓自己掌握一天的工作節奏。

只要事先安排好當天要做的事，便能度過充實的一天。接著再實踐前一章介紹的「晚上的自我鎮靜」方法，在睡前告訴自己「今天真幸運」、「我很幸運」即可。

當你像例行公事般反覆實踐這樣的步調和節奏，等你回過神來，便會發現自己早已建立起早起的習慣。透過每天早起，並確實執行事先安排好的事情，會讓你自然而然地培養出自信，也能得到充實感。

聽說有一個格外早起進行晨間活動的團體，會定期舉辦讀書會閱讀我的拙著《最強習慣養成》，我曾在凌晨4點時參加過幾次。看著現場將近30位的人（多半是女性！）輪流朗讀我的書，並互相討論書中內容的意義和感想，讓我感動到有些泛淚，畢竟這對作者而言可說是最大的榮幸。

近年來有不少人逐漸意識到「晨間活動」的重要性，並開始調整為晨型生活。當然，我說這些話並非想否定夜型生活的人，有些人確實要在寧靜的夜裡才更能專心工作，實際上我以前也是個夜貓子。

不過，自從將一天的開始改為晨型生活，並妥善地分配時間，讓行程不再那麼緊湊後，我就感覺能更輕鬆地按照自己的節奏生活。雖然一天仍是24小時，但其中的內容、也就是一天的「品質」卻能大幅提升。

只要能保持自己的節奏，便能讓心情較為平穩，也能更輕鬆且溫柔地對待他人。這不僅是對所有人保持感謝之心的必要條件，也能有效幫助你找到自己的主軸。

因此，先來決定每天早上的起床時間吧！

從明天開始，試著提早30分鐘起床。

我向你保證，只要這樣就能確實改變你的一天，同時變得更容易遇到良緣。

③ 養成習慣早上花15分鐘打掃

簡單來說，就是我們要習慣**以平靜的心情出門**。

透過每天早上提早30分鐘起床，可以讓你的早晨多一些自由時間。那我們該如何利用這段時間呢？雖然早上讀書或學習也會讓人心情愉悅，不過……

每天早上花15分鐘打掃家裡，讓自己以平靜的心情出門。

這個做法能有效地幫助我們調整心情。

話雖如此，應該有不少人會覺得，在去公司、學校或出門辦事前，怎麼可能有時間打掃家裡……其實只要事先決定每天要打掃的地方就好。例如：

◎星期一打掃廚房
◎星期二打掃廁所和玄關
◎星期三打掃臥室
◎星期四打掃書房

◎星期五打掃客廳
◎星期六打掃浴室和洗衣機
◎星期日打掃衣櫥

只要像這樣輪流打掃，每天花在打掃上的時間應該不會超過15分鐘，同時也不需要每個週末都大掃除。

所謂的打掃，並不是單指整理房間、讓環境變整潔，而是要在腦中給這些清掃工作賦予意義。

清除房間的灰塵，等同清除心靈的塵埃；擦拭走廊和地板，等同打磨心靈。

你必須將這些意象牢記在心。

有些人無法定期打掃環境，導致家中總是凌亂不堪……這通常是大腦根據你過去的記憶，判斷「打掃＝麻煩且不愉快」所引起的趨避反應。

若是如此，我建議你這樣想：

別想著把家裡整理得一塵不染。

一旦給自己施加太多壓力，會讓你討厭打掃，從而難以長期堅持下去。

「只要丟掉3個不要的東西就好。」

「只要用吸塵器打掃5分鐘就好。」

「每天只要整理決定好的地方就好。」

做其他家事也是如此，不過打掃有一個優點——在做這件事時不必集中注意力，可以播放自己喜歡的音樂或廣播，讓**聲音**陪著你打掃。只要像這樣運用耳朵、讓身體活動，大腦自然就會認為你現在「在做有趣的事」。

如果你總是播一些能讓自己情緒高漲、或是喜歡歌手的歌，久而久之也有可能光是聽到那首歌就會想要打掃。總而言之，只要能讓大腦記住**「打掃＝令人興奮的事」**就好了，甚至有可能讓打掃變成一件快樂的事。

打掃和整理環境是能與打坐匹敵的修行，試著透過打掃來調整你的心境吧。

只要保持心靈清淨，便不會有任何事物遮蔽你的心靈視野；一旦心靈視野變清晰，勢必就能根據當時狀況，判斷應該與對方保持多遠的距離。

如此一來，人際關係相關的煩惱也會減少，這是我從親身經歷中得出的體會。由此可知，打掃與心態確實有著密切關聯。

④ 養成習慣抱著感謝和尊敬之心合掌

我們必須養成**抱著感謝和尊敬之心合掌**的習慣，因為時時心懷感恩是很重要的。不僅是在日常生活和公司經營方面，甚至連「調整人生習慣」也應該從心懷感恩開始！

雙手合掌，你會感受到心靈逐漸平靜——

合掌時，右手代表對方的心，左手代表自己的心，將它們合在一起，就意味著與對方的心靈融為一體。在佛壇前合掌，代表與祖先們同心，同時也是在感謝祂們賜予自己生命，讓自己今天也能平安地迎來早晨；倘若是在神社佛閣面前合掌，則是一種對更偉大的人物表達尊敬和敬畏的表現。

正如111頁所介紹的，感謝是清理大腦和心靈的最強方式。雖然透過感謝讓大腦進入愉快狀態，可能會伴隨一些盲信的危險性，但如同先前舉的例子，只要感謝的對象是今天一整天、人生、生命、祖先、工作，隨著感謝的心情愈強烈，運氣和幸運程度也會逐漸上升。

每天早上都會感謝祖先的人，自然也會感謝身邊的人。你會感謝他人給你工作機會、感謝朋友的陪伴，這些想法會讓你心如磐石，不被任何事情所左右。

關於感謝的部分，我會在下個章節的**「調整人際關係」**中再深入探討。

⑤ 養成習慣親手寫信

自從電腦和手機變成我們生活中的一部分後，大部分的人就很少用鋼筆和鉛筆寫字了。這部分我也深有同感，不知從何時開始，我也習慣了打字，導致寫字的機會變得愈來愈少。

即便如此，我還是會盡可能地在明信片或信紙上親筆寫下感謝信或問候信。甚至會隨身攜帶便條紙，以便隨時寫下想到的文章。如今在社群媒體上與他人聊天、傳郵件或用ＬＩＮＥ傳訊息，都既快速又方便，使我們在日常生活中也經常以這些工具和他人交流；但如果用這些方式來處理重要的請求，或是為自己犯下的錯誤道歉，顯然是一件非常失禮的事。

光靠電子郵件或ＬＩＮＥ的訊息，難以傳達人類纖細的情感和心意。

所以盡量**養成用心寫親筆信的習慣**吧。

過去你可能習慣用電子郵件或社群媒體來促進團隊的工作速度和共享內容，但今後在傳達重要事項時，不妨寫一封信吧。試著去思考該如何才能傳達自己的想法，斟酌內文的遣辭用字，並想像對方閱讀信件時的情境……若能像這樣花費時間和精力去寫一封信，文字中自然也會充滿情感。

我能理解有些人會覺得：「但我寫字不好看……」而不敢拿起筆。不過，就算字寫得不好看，只要一筆一劃細心地寫，依然能將你的情感傳達給對方。所以別害羞，大膽地寫吧。

此外，**每天寫日記**也相當有效。但別抱持著「我得好好寫」這種心情，而是應該告訴自己「寫一行也沒關係」降低難易度，即使只寫下短短一行，你也能夠守住對自己的承諾。若能每天都以一行文字記錄當天最令你感動或開心的事，最終勢必會養成習慣。

在關鍵時刻，最能傳達心意的仍然是明信片或手寫信。

希望大家重新認識這股力量，並加以實踐。

⑥ 養成習慣調整三業

當你邁入50歲或60歲後，就必須注重自己的「品格」。

品格非常奇妙，且無論花多少錢都買不到。例如：即使都穿著幾百塊的襯衫，有品格的人和沒品格的人所散發的氣質也截然不同；就算將昂貴的物品都穿戴在身上，在沒品格的人身上也感受不到氣質。

也就是說，所謂的品格並不是附加在身外之物，而是從內在自然流露出來的，同時會表現在日常**舉止**上。

「調整三業，讓你的舉止更加優雅。」

這句話出自禪的教誨，意指一個人若是舉止優雅，不僅遣詞用句會變得更加優美，心靈也會趨於平靜。

所謂的三業，是指身體的「身業」、言語的「口業」、心靈的「意業」。若想讓自己的行為舉止更加優雅，便需要調整這三點——借用禪宗對美的表達方式來說，就是**簡樸**

而自然。

這絕不是在叫我們刻意表現得很優雅，而是要用心且有禮貌地對待各種人事物。如此一來，你的行為舉止自然會變得簡樸而優雅。

增長年齡，並不只是一個任由歲月流逝、讓人衰老的過程。倘若能根據過去的經驗和體驗好好面對自己，心靈的寬厚程度和度量也會隨著年齡增長，達到年輕時從未體會過的高度。最終，這些都將成為**品格**，並構築出獨有的生命輪廓。

但如果沒有時時留意，便有可能不自覺地從過去培養出的習慣中流露出自我。因此我希望各位在人生後半段，能凜然地面對每一天。

⑦ 養成習慣接觸大自然

無論到幾歲，持續磨練感性都是很重要的。

所謂的感性，是指你在看到、聞到、品嚐到某些事物時，內心深處的情感變化。不論是感受他人情感的能力、閱讀氣氛的能力、同理心、溫柔待人的能力，以及想像力和創造力，這些都取決於你擁有怎樣的感性。

感性和品格相同，都是無法用金錢購買，亦無法從外部獲得，只能在自己的內心建構，並透過磨練加以培養。而這也跟自身的品味有關。

雖然有許多方法都能磨練感性，但我最推薦的方法是**盡可能地接觸大自然**。

在這個交通便捷，進到建築物後，隨處都有冷暖設備的現代社會，我們難以在日常生活中感受到季節變化。正因如此，我們更應該定期走進大自然裡。

試著讓自己身處在豐富的自然環境中，調整呼吸、悠哉地散步。

試著用心聆聽樹葉摩擦的聲音、小鳥的鳴叫聲，聞聞草的香氣，感受北風的寒冷、炙熱的陽光、柔和的陽光，欣賞不斷隨著季節和氣候變化的雲朵形狀。

自然不會主動向人類提供任何關懷，它只是單純地表現出其本來的樣貌，如何理解和感受這些景象，全取決於我們自身的感性。

日本人之所以能有如此豐沛又細膩的感性，可以說是在四季分明的自然環境中培養出來的，或許這種感性早已刻進我們的基因裡。

此外，我們日本人的心（大腦）中應該都具備對他人距離感的確認能力和自動調整能力，若想讓這些機能有效運作，也可以多接觸大自然。

我向大家保證，效果真的非常卓越。

⑧養成習慣定期運動

定期運動是一件與接觸自然同樣重要的習慣。

運動是由「運」和「動」組成，曾有許多體驗者說過，活動身體感覺**運氣**提升了。我的許多客戶也表示自己開始運動之後，感覺實現腦中想像的速度變得更快、更常遇到良緣了……

實際上，運動與呼吸有著很大的關聯，且能活化、有益於大腦。但是為了養成習慣，關鍵在於不要突然設定太高的目標。

例如在跑步時，若是一開始就設定過長的距離或太長的時間，在身體感到疲勞前，心靈會先不堪負荷。因此我們應該設定一個合適的距離和時間，以**「至少先走出門」**為目標努力即可。

此外，有時候比起長時間的跑步，在身心放鬆的情況下慢跑會來得更有效果。只要巧妙地搭配⑦「養成習慣接觸大自然」，再從讓大腦記住「我能動」、「我做得到」開始就可以了。

另外，健身和跑步一樣，想將這些運動納入日常生活，設定一個較低的目標是持之以恆的祕訣。若是一開始就設定「每天做30次腹肌鍛鍊」這種高難度的目標，當你無法達成時，可能就會成為你放棄的契機，進而導致腦中充斥著「果然還是做不到」等負面訊息。

因此，可以採取每天增加一次的方式，以一個月後達到30次為目標，抱持著玩遊戲的心態愉快地運動。

無論如何，在完成每天的安排事項後，千萬別忘記稱讚自己。在運動過後，也能做個「好耶～！」的勝利手勢，這些習慣都有助於讓身體和大腦記住興奮和快樂的感覺。

讓運動融入生活，養成同時淨化身心的習慣吧。

⑨ 養成習慣每日讀書

坦白說，我年輕時也很少在看書。因為比起看書，我更喜歡一邊喝酒、享用美食，一邊與各式各樣的人聊天。相較於書籍費，我花在酒上的錢明顯多很多。

大概是在45歲獨立創業，發現事情並不如自己想像中順利的時候，我開始將生活模式切換成本書中提過的晨型生活，隨後遇到了自己的人生導師。在與他們學習的過程中，我才開始有更多機會接觸到書籍。

從那時開始，我會督促自己**每天看書**。但不需要勉強自己閱讀，起初只要看目錄就好，或者從後記開始看也可以，總之就是隨意地翻閱頁面，想辦法用自己的感性去享受看書的樂趣。

就算每天只看一行也無妨。等能看完一行後，再試著看兩行，接著再往三行邁進就好。那些不擅長看書的人，大多是因為過去拿到的書較為無趣，抑或無法理解書中內容，導致大腦判斷「讀書＝不愉快」，才會變得討厭看書。

所以首要之務，便是將「讀書＝愉快」這個觀念建立起來。如果一開始就選擇一些艱深的書，可能會讓你產生挫折感。因此，剛開始可以找自己有興趣的類型——漫畫或繪本也沒關係。

「翻開書就覺得很開心。」

只要讓大腦記住這種愉快的感覺，之後不論看哪種作品，應該都能開心地翻閱了。

順帶一提，設定固定的時間和地點，也能有效地幫助你養成讀書習慣。

「每天早上搭電車通勤時，我一定要看書。」

「上班時，我一定要利用午休時間看書。」

「回家後，我一定要看30分鐘的書。」

「每個假日的早上，我一定要看書。」

最近我一個月大約會看3～10本書。有的會認真閱讀，有的會只看到一半就停下。即便沒看完，我也會避免產生罪惡感等負面情緒。而且，我的包包裡絕對會放一本書，家中的客廳也會放幾本，像這樣隨心所欲地輕鬆看書，讓我每天都過得很快樂。

第3章總結

◎每個人都是自己人生的經營者。

◎今後的每天都要有意識地用腹式呼吸。

◎生活中時刻活在當下。

◎養成習慣早起。

◎每天督促自己早上花15分鐘打掃。

◎抱著感謝和尊敬之心合掌。

◎試著親手寫明信片和信吧。

◎要有意識地調整三業。

◎養成習慣接觸大自然。

◎定期活動身體。

◎每天都要快樂地閱讀。

第4章

調整人際關係和金錢

人際關係與
分離性焦慮障礙

不誠實的人，無法打動任何人；
若想感動人，必須先感動自己。
若自己不流淚，就無法讓人流淚；
若自己不相信，就無法讓人相信。

英國政治家　溫斯頓·邱吉爾

所謂的**人際關係**，是指我與他人、我與夥伴，以及在職場、家庭或社群中的我……這種人與人之間的對人關係。

從幼稚園到小學、國中、高中、大學，接著再到職場和新家庭，我們一直生活在對人關係中。也就是說，人類是一種無法獨自生存的生物。

各位知道什麼是**分離性焦慮障礙**嗎？

這是目前針對幼兒和兒童進行的多種研究中的其中一種障礙。罹患這種疾病的人，在離開家中或自己依戀的人時，會持續性地產生強烈的不安。通常這種情況會在母子關係中表現得特別明顯，而大多數孩子似乎都會在某個年齡階段克服這種情況。

但我認為在現今社會，成年人更容易受到這種分離性焦慮障礙的折磨。

尤其一旦過了50歲，至今以來在社會中磨練出的各種自我評價會突然變得很鮮明。「我所認識的自己」和「他人眼中的我」之間必然會存在差異，所以我們至今以來獲得的地位、職位或角色只是一個表面。當未來的日子裡，我們將**以「我」這個人本身**

去生活時，就意味著要以自己最真實的一面與他人交流。屆時，有多少人能平靜地面對這一切呢？

在此，請容許我帶著危機意識討論這個話題。

在今後的日子裡，高齡者人口將會逐漸增加。還記得在戰後、尤其是高度經濟成長期出生的嬰兒和年輕人數量之多，簡直占據了整個金字塔的底部。

然而，大約是二〇〇〇年過後吧。本來占少數的高齡者人數突然逆轉，變成高齡者占據了金字塔底部。直到現在，年輕人的人數仍在急遽減少中。

因此我強烈地認為，比起幼兒和兒童的分離性焦慮障礙，**高齡者的分離性焦慮障礙**將會在未來變得愈來愈受到關注。不，準確來說，我更希望能阻止這個情況發生。

高齡者必須定期進行精神護理

即便是在人際關係中，男女關係似乎也能有效地緩解分離焦慮的問題。因此透過男女關係來解決分離焦慮也是一個不錯的方法。當一位男性喜歡上某位女性，或當一位女性喜歡上某位男性時，大多數人都會想與對方永遠在一起。但是仔細想想，這世上又不是只有這一位異性，也不知道今後還會遇到什麼樣的人，或許身邊還有其他更優秀的對象，為什麼一定要選擇和某個人結婚呢？

話雖如此，在日本還很貧困的時候，確實有一個很實際的結婚理由，那就是兩個人一起生活可以減少生活費，而且在準備三餐、做家事等方面而言也比較有效率。

除此之外，每個人結婚的理由肯定各有不同，但我認為最根本的原因還是因為我們心中存在著分離焦慮這種情感。

在此重申一次，人類這種生物是不可能一個人生存下去的。

但我說的一個人並不是指人數，而是指在精神方面與他人毫無交集的「獨自」或

「孤獨」狀態。一旦感到孤獨，心裡便會逐漸產生分離焦慮，此時與他人分離則會加劇不安，使人很容易在精神層面失去平衡。

當人感到不安時，腦中的**杏仁核會瞬間轉變為不愉快的狀態**。對孩子來說，失去父母的保護感是一件非常危險的事情。在不安和恐懼的情感籠罩之下，孩子們會認為必須保護好自己，進而導致他們在某些時候變得極為冷靜且沉默，有時甚至變得粗暴，或者透過不斷哭泣來引起注意。總而言之，這會讓孩子們失去笑容且不再天真無邪，屆時他們將不再處於最佳狀態。

同樣的事情，如今也開始在高齡者的世界裡發生，並且愈來愈嚴重。我認為這都是**孤獨**所引起的。

因為孤獨會在無意識中喚起不安和恐懼，進而激發人類的自我防衛本能。近年來，愈來愈常在新聞中看到高齡者暴怒的事件，其中有不少衝突最終演變成令人難以置信的暴力事件，同時也經常發生許多無法以過去價值觀理解的事情。而且這些問題並不僅限於某些地區，而是在全國各地都陸續發生。

如此一來，人們會不斷產生負面的思考、想像和情感。總有一天，挑戰精神和積極性肯定也會完全消失吧。

雖然這只是我的猜測，但在漫長的上班族生活裡，為了逃避這種分離焦慮，而下意識啟動自我防為本能，認為自己「必須」或「理應」這麼做的人，或許正在逐漸增加。

分離焦慮會讓人陷入嚴重的壓力狀態。尤其大部分的精神病和神經疾病，都是因為孤獨或孤立所導致的，這點證實了分離焦慮確實會對人類造成影響。

過去似乎也發生過父母太少與嬰兒進行抱抱或逗弄等親密接觸，導致嬰兒在出生後沒多久就死亡的案例。而將來，高齡者也會愈來愈需要這種精神護理。透過這些例子，各位應該已經充分瞭解分離焦慮會為我們帶來多大的壓力了。

為什麼孤身一人很危險？

在往後的人生裡，我希望你能將這句話銘記在心——

「孤身一人是很危險的。」

雖然應該有很多人已經隱約明白這點，但我希望你能再次將此牢記在意識裡。

然後，請你不時看看身邊的人：

「是否有人孤身一人呢？」

留意有沒有人落單。

為了逃離分離焦慮、讓杏仁核變回愉快狀態，有些人會選擇結婚，有些人則會選擇和對方同居。像這樣的事情，只要有緣無論幾歲都能做到。接著，再互相許下承諾，發誓在剩下的人生裡「無論貧困或富裕都會和對方互相幫助」就可以了。這樣的連結也是不可或缺的。

人類為什麼要結婚呢？在女性尚不被允許走入社會的時代，日本的男性在社會上還有另一個家庭，那就是公司。

那是一個透過各種規範和保護政策，將男性從殘酷的市場原理中保護起來的溫暖國度。只要默默地按照指示工作，就能達到退休這個目標，甚至能領取退休金作為獎勵。然而隨著時間推移，時代產生了變化，如今的企業文化和組織形態已完全不同。

舉一個例子來說，美國是一個有許多國籍和各種民族共同生存的超競爭社會。在那裡，有些地方的人們始終要以個人身分與他人競爭，並且得主動開創自己的人生，否則難以生存。

各位知道美國人為何無論男女都那麼重視自己的家庭嗎？其實是因為在嚴酷的競爭社會中奮鬥的人，愈是努力戰鬥，產生的分離焦慮便愈嚴重，所以他們需要一個能治癒身心的地方。正因如此，他們總是深愛並珍惜自己的家人。

而如今的日本，無疑和美國一樣，都需要一個治癒身心的地方。

未來將進入他人價值變高的時代！

在此，我必須告訴大家一些殘酷的現實。

那就是關於日本在過去30多年的變化。

隨著日本企業逐漸從年功序列制改為以個人實力競爭的成果主義，連年輕人都難以負荷，更不用說年近50多歲、即將退休的壯年世代，他們會發現自己沒有一個能治癒分離焦慮的地方。

雖然很想說「家庭」就是大家的避風港，但正如「熟齡離婚」一詞的普及所象徵的現象，許多長年在企業中奮鬥的男性（當然，如今也有許多女性步入社會，因此面臨此狀況的不僅是男性）即使在家庭中也難以找到自己的容身之處，與配偶的相處狀況也未必融洽。

這不僅是男性所面臨的問題，對每個人來說都是如此。隨著年齡的增長和社會經驗的累積，不光是曾經作為另一個家庭和據點（容身之處）的公司或組織，甚至連自己的立足點都可能在變化中瓦解。

從保護轉向競爭，如今連國家整體政策都發生巨大改變，那些仍然固守過去的功績、而未察覺當前社會狀況的人，無疑會陷入相當危險的狀態。

我們必須明確知道自己人生的目的，才能保持動力。若無法做到這些，別說是成功了，甚至有可能沒辦法在這個時代生存下去。

未來的日子裡，勢必會愈來愈常發生一些引起分離焦慮的事情。無論你多麼有能力，都不可能單打獨鬥。若讓杏仁核一直維持在不愉快的狀態，使自己承受過大的壓力，最終只會導致你踏上毀滅的道路。

正因如此，不論是在家庭生活中，還是在社會生活中，像「人氣」這種氣的流動都是非常重要的。在今後的時代，與他人相處、交流或許會成為生活中最重要的事，而他人價值也會變得比現在更高。

①「不要讓自己孤身一人。」

②「也不要讓任何人單打獨鬥。」

有些人在過去的人生裡，總是十分在意他人的看法。當然，這並不是一件壞事，你為了保護自己的家人和珍惜的事物，肯定忍受了許多不愉快的事。

你想怎麼做呢？倘若這複雜的人際關係能分成10個等級，在剩下的人生裡，不如就盡可能和他人保持在5級的程度吧？至於少數關係較好的人，再以9級和他們交流就可以了。

雖然我們需要能讓自己獲得正能量的人，但我也希望你們能好好珍惜那些能直言不諱地指出錯誤、明確告訴你什麼是不對的人。你們可以不用經常見面，但談話內容的品質非常重要。因此，讓我們一起提升人際關係的品質吧！

◎分享生活方式的社群

在新冠疫情大流行的期間，世上誕生了許多社群（共同體）。而且不僅限於網路社會，亦會在現實中聚會的社群團體。

◎擁有共同興趣的社群
◎思考未來工作方式的社群
◎關注飲食與農業的社群
◎思考未來教育的社群
◎思考未來經濟和工作方式的社群

諸如此類的社群多到不勝枚舉，但不論加入哪一個都是很好的選擇。即便是不擅長與人交流的人，只要大膽地加入其中，亦有許多人能從中得到安心感和充實感。

調整人際關係的首要步驟，可說是從整理你與另一個自己的關係開始。請你一邊實踐前幾章提到的調整自己和生活的方法，一邊嘗試各種挑戰吧。

六方禮拜所傳達的感謝之意

若能打從心底滿足於現在的生活狀態、
境遇、職業等一切事物，
並心懷感恩地過活，
那才是真正的幸福。
只要內心積極向上，
即便人生遇到再多困難和痛苦，
都能透過心靈的力量將其轉化為喜悅和感謝。

思想家　中村天風

「山是山，水是水。」

這句話是著名的禪語。其意思為，山會盡到山的本分，水亦會盡到水的本分，藉此在自然中共存。如果將這個概念套用到我們的人際關係上，應該會變成這樣：

「你必須知道每個人都有自己的價值觀。」

考慮到未來世界的人際關係，從習慣的角度來看，以下內容可以說是極為重要。雖然人類無法獨自生存，但我們不應該依賴某人或某物，而是要擁有自己的生活方式和判斷基準，並且尊重他人的價值觀，與他人一同生存下去。在這個過程中，你可能會感受到意想不到的壓力和不安，為了讓自己變堅強，我們究竟需要什麼呢？我認為有２點非常重要。

① 不要任他人擺布。

② 不要杞人憂天。

可以的話，請你以這兩點為基礎來生活。

至今以來，因為工作的關係，即便在業務交流以外的時間裡，你應該也經常為人際關係所困，有時候甚至還得迎合他人。不過，我希望在未來的日子裡，你能與人**保持不遠不近的距離，別受他人左右，活出自己的人生**。

為了實踐這一點，我想和各位讀者分享一個名為「六方禮拜」的教導。

這是釋迦牟尼佛所傳授的教導之一，意思是要對東、西、南、北、天、地這6個方位敬拜，有時候也可以大聲說出「謝謝」來表達心中感謝。

「有他人才有自己。」

「因為周遭一切，我才得以生存。」

即便想以自己的方式生活，依然要與身邊的人們互動，才能實現這個目標。正如我在前幾章多次提到的，無論何時何地，我們都不該忘記感恩之心。

釋迦牟尼佛所傳授的六方禮拜，是一種透過對自身所處的嚴峻環境心存感激，將腦內杏仁核中的不愉快轉變為愉快，讓我們能更加堅強、溫柔且幸福地生活的方法。

而實施這個方法時，最重要的就是改變自己所抱持的「單方面思考」。

如字面所示，單方面思考就是自己單方面的想法——舉例來說，「有我才有他」、「對方應該為我而行動」、「對方比我優秀／差勁」這些以自己為判斷基準的想法，都是一種單方面思考。

像這樣單方面互動，並無法讓對方的大腦感到愉快。

單方面思考的本質，即認為自己的想法是正確的，像這種停滯不前的思考方式會使人無法心有餘裕地關心他人。因此，我們應該時時懷著感恩之心，並將這種心態傳達到各個方面。

只要心懷感謝，對方一定也會喜歡你。

在下一頁裡，我將具體介紹六方禮拜的基本理念。

請你盡可能地大聲朗讀出來。

◎面朝東，向生下自己的父母、祖父母、祖先們說聲「謝謝」。
◎面朝西，向家人說聲「謝謝」。
◎面朝南，向至今以來關照過自己的恩師、上司等各位人生導師說聲「謝謝」。
◎面朝北，向朋友、熟人、工作夥伴等人說聲「謝謝」。
◎面朝天，向守護生命的太陽、天空、空氣之恩惠說聲「謝謝」。
◎面朝地，向孕育生命的大地、海洋之恩惠說聲「謝謝」。

六方禮拜之圖

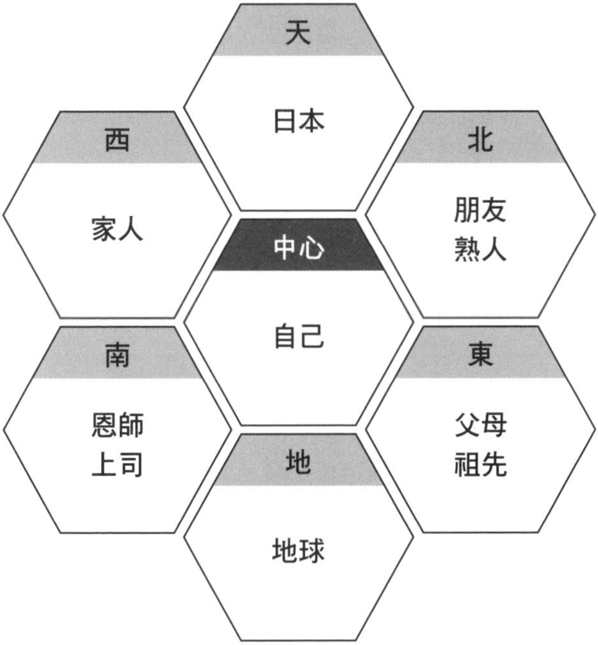

六方禮拜可以幫助你建立「感謝腦網路」

六方禮拜的基本理念是對6個方位表達感恩之心。

在中心寫上自己、東方寫上父母和祖先、西方寫上家人、南方寫上恩師和上司、北方寫上朋友和熟人；接著，以宏觀角度在天寫上自己的國家，最後再以更宏觀的角度在地寫上地球。

透過這個最強思考方式，將讓你鍛鍊出無論身處任何環境都能心懷感恩的習慣，因此也並非一件簡單的事。書寫過程中，對於每一個人事物，都可能湧現各種情緒。

根據狀況不同，有時候心中雖然存有感謝之情，亦有可能同時湧現難以原諒的情緒。即便如此，我們也要保持平靜的心情，溫柔且有禮貌地面對這些人。如此一來，肯定能培養出對萬物心懷感激的感謝腦。

而且你不僅會感謝人類，在我過去遇到的人之中，有不少人在感謝天（國家）和地（地球）時，會湧現以下感受：

「與大自然相比，我是多麼渺小的存在啊。」

「我只不過是大自然這個偉大生命中的一部分。」

「我終將會回到大自然這個偉大生命中。」

「正因如此，我現在該如何善用這份被賦予的生命呢？」

感謝腦就像網路一樣，會往各個方面擴展，並且讓這些情感牢牢地連接在一起。

「為了報答這份恩情，我該如何燃燒自己的生命呢？」

我們絕不是孤獨地活在這個世上，而是被各式各樣的人事物包圍才得以生存。透過這個方法，會讓我們學會感謝身邊的人事物，並思考該如何回報這份恩情。

希望各位都能在實踐六方禮拜的過程中，反思自己與周遭人事物之間的關係。

從10人法則中學習

人望不是單靠實際力量就能獲得的，
也不是僅憑財產豐厚就能獲得；
而是透過一個人活躍的思維和
誠實的品德而逐漸獲得的。

教育家　福澤諭吉

在這一節，我想向各位介紹我從導師——西田文郎老師身上學到的**10人法則**。具體做法是每年拜訪10位你該感謝的人，並向他們表達感恩之情。

那麼，我們應該向哪10個人道謝呢？

請你思考一下，這時你腦中浮現的是哪些人？

應該不全然是平時容易見到的人吧。

「在過去的人生裡曾經受對方恩惠，卻沒能意識到就分別的人。」

「曾在身邊支持過我，卻未能表達感謝之情的人。」

在漫長的人生裡，有時難免會犯下一些失禮的事，卻沒能向對方道歉，這些人也可以包括在你所選的10人裡。

「和他見面有點尷尬。」

「他應該不會給我好臉色看吧。」

「事到如今，哪有臉去見他。」

做不到、很難、好丟臉等話語與「愉快」明顯搭不上邊，甚至有可能讓情緒大幅偏向不愉快的狀態。然而，這樣的對象所帶來的成效反而更大；當你與這些人見面並表達完感謝後，所獲得的喜悅也會更加深刻。透過實踐10人法則，能讓人類的杏仁核轉變為愉快狀態，培養出能積極接納一切的最強大腦。

就我個人來說，我無法在1年內完成這項任務，因此用了2年的時間去見這10個人。遺憾的是，其中有些人只能以掃墓的方式見面，有些人則在嘗試聯繫的階段就被拒絕了（對他們來說，我可能是個相當討厭的人），當時確實讓我感到非常痛苦。

不過，儘管沒能見到所有人，但透過這個行動讓我解開了一些心結，因此能更專注於各種事物，人生也開始充滿幸運和好運。

這個10人法則其實有很多種模式，我挑戰的是另一種**「提高人望的10人法則」**。所謂的有人望，是指許多人都對同一人抱有尊敬、信賴和期待之心。而這個挑戰就是要去拜訪10位有人望的人，並透過交流感受從他們那裡得到的禮物。

名字					
感謝內容					
名字					
感謝內容					

人氣、人望、人德的差異

拜訪完10位有人望的人之後，會發生什麼事情呢？

倘若你能確實執行這項計畫，你毫無疑問100％會成為一位有人望的人。而且，將「我絕對要去見那些人」培養成習慣、融入你的日常生活中後，你自然能學到更深入的事情；而那10個人，也會為你帶來2份禮物。

在進入正題前，我想先說一些題外話。

那些受人喜愛、運氣好，並且擅長討人歡心的人，其實**可以用3個帶有「人」字的詞彙區分**。

首先是**有「人氣」的人**。這類型的人通常深受他人喜愛，亦有許多人對他們抱持好感，而且只要說一句話就能影響周圍的人。無論是在講座還是活動中，他們都能透過努力來吸引人們的關注。

然而，光靠人氣並不能謀生。因為人氣總是時升時降，粉絲也以投機主義者居多。

接著是**有「人望」的人**。這類型的人受到他人的信賴、尊敬和期待，因此能受到這些情感支持。

他們通常不會主動回應他人的期待，但擁有激發他人期待的能力。而且大部分都過著眾所憧憬的生活，因此能得到許多人的仰慕。有人望的人無論做什麼，應該都能吸引人們的關注。

最後是**有「人德」的人**。這類型的人能無償地給予周遭的人能量和動力，只要與他們見面，就能瞬間充滿活力。即便他們什麼都不做，人們也會自然而然地聚集到他們身邊。甚至他們光是站著，就能讓人感受到一股強烈的存在感。

有人氣、有人望、有人德——你想成為哪個類型的人呢？是否想體驗看看那樣的人生呢？

有人望者給予的2份禮物

接下來，讓我們繼續探討透過「提高人望的10人法則」遇到的人，會給予我們哪2份禮物吧。

第一份禮物是**「自我覺察」**。透過與有人望的人來往，你能察覺到自己的不足之處，並學習他們能聚集人望的理由。

順帶一提，朋友或熟人教導你的，通常是一些自作聰明的小伎倆或具體的戰略和戰術。這些方法有時候確實能派上用場，雖然不算毫無用處，但有人望的人不會告訴我們這種表面的知識，而是會教導我們更重要的事，那就是何謂正確的心態。

例如，有錢的有人望者通常不只擁有財富。他們瞭解如何積累財富，並能實際付諸行動。透過與他們交流，你能學到他們是如何運用智慧掌握致富的方法和金錢的特性，同時這種學習也會讓你進一步覺察自己。

第二份禮物是**「認真」**。能達成自己所追求的目標，代表是一位極其努力的人。

在體育界亦是如此，想成為世界級的頂尖運動員，需要先經過許多一般人難以想像的艱苦訓練。畢竟是藉由挑戰自己的極限來提升能力，不痛苦才奇怪。

即便在商業界，那些持續創造利潤的成功企業家，也是每個人都全心投入在工作中。他們帶領眾多員工，工作量是員工的好幾倍，而且還要敏銳地收集情報，並且熱衷於學習經營策略和戰術，甚至頻繁參加研討會和交流會，藉此積極拓展人脈。

若是你能親眼目睹到這些人有多認真，你肯定也會被嚇到忍不住顫抖。

而是否能在1年內見到10位有人望的人，則取決於你的努力。

我希望各位能將「我一定能見到！」的心態變成習慣，試著挑戰看看。如果能順利完成任務，也歡迎你告訴我這個過程中有什麼際遇和好消息。

金錢的價值在哪裡？

聰明人不囤積財寶；
給人愈多，
獲得的就愈多。

中國哲學家　老子

本書最後要探討的是「金錢」。究竟該怎麼做，才能習慣性地管理好金錢呢？

這講起來很複雜，畢竟金錢的價值會根據使用者而異。

例如，對某些人來說，10萬圓可能是極其渴望且急需的資金，但對另一些人來說，卻只是微不足道的小錢。

簡而言之，根據每個人的工作內容和所處環境不同，他們對金錢的處理方式和價值觀也會有所差異。因此，一旦把金錢當作**主語**，有些人可能就會被其左右。

但是，金錢其實也可以講得非常簡單。

你可能會問：「吉井先生，這是什麼意思？」

先別緊張，不妨靜下心來看看以下故事。

我經常受邀到各地舉辦演講，規模從為企業舉辦的社內演講，到針對特定領域的企業家、教育機構，甚至是個人主辦的活動都有。能擁有這麼多機會到各式各樣的地方演講，實在令我感激不盡。而我通常會設定幾個主題準備PowerPoint和資料，但有趣的是在討論演講報酬的時候。

假設我在某個會場為一家IT公司的新進員工舉辦2小時講座，預計收到的酬勞為30萬圓。而另一邊，有個企業家社群邀請我為即將踏入社會的年輕人演講，但主辦方卻說：「基於活動宗旨，報酬最高只能10萬圓。」

從預計參加的聽眾年齡層來看，這兩場演講的內容架構應該大同小異。那麼，我的演講價值究竟能換算成多少錢呢？

答案是——我所講的內容本身無法用價格來衡量。

為了避免誤解，我姑且說明一下，我講述的內容確實有價值，這點是無庸置疑的。畢竟這些都是我根據自身多年的經驗和體驗精心架構的內容，當然具有一定的價值。而且我在事前都會充分考慮聽眾的需求，認真設計每個演講和講座課程，絕不會提供沒有價值的東西。

不過，我無法完全為自己的演講內容定價，因為每場演講一定會有主辦方。講白一點，主辦方的環境和背景也可能影響演講費用。

當然，身為一位公司經營者，我也會為自己提供的商品（諮詢服務、演講、講座、書籍）做些定價。不過，我想所有企業家應該都和我一樣，具備根據預算調整的靈活性。畢竟根據客戶的狀況和需求進行訂製，也是很重要的。

至於我為什麼會用這個故事來說明「金錢其實也可以講得非常簡單」，就是想表達金錢的價值是由自己決定的。換句話說，我希望大家明白**金錢本身並沒有價值**；如果弄錯這點，就會如前文所述，導致思考方式被金錢左右。

金錢本身並沒有價值，而是會**根據使用者或支付者改變價值**。

我希望你能將這點銘記在心。

也就是說，與其談論要如何管理好金錢，不如說要先調整身為金錢使用者的你。

自我投射會影響資金的進出

擅長管理金錢的人，
本能地知道節省1美元
比額外賺取1美元容易很多。

投資家　羅伯特・G・艾倫

「懂女性的男性」會受女生歡迎。

我認為這是一個無論時代如何變遷都不會改變的真理。同理，其實也適用於金錢。

「懂金錢的人」會受金錢青睞。

我在年輕時，也曾經非常熱衷於追求金錢。當然，這也是基於「為了家人而賺錢」這個正當理由。不過，隨著我即將步入人生後半段，我對金錢的看法便慢慢改變了。我發現習慣更加重要，同時瞭解到要習慣金錢，就需要先管理好金錢。

只要觀察身邊的成功人士，就會發現他們都會進行金錢管理。而且那些習慣金錢的人，往往知道該如何加速金錢的流動。這是因為他們熟知金錢的運作，瞭解該如何讓金錢的流動變得更加強勁。

反之，不習慣於金錢的人則會讓金錢停滯。就像被堵住的河水最終會變得渾濁一樣，只要金錢沒有流動，就不會有新的錢進來。

你可能會覺得現在說這個已經為時已晚，但無論如何，我們還是要努力與金錢建立良好關係，並慢慢瞭解和習慣金錢的特性。

在此，我建議你養成相信和思考的習慣。

你必須相信**金錢會經常流動，即便流出也會再次流入**。此外，為了實現這點，最重要的是思考自己能做些什麼，並且相信自己做得到。

如今我能肯定地告訴你，**一個人的自我投射會影響資金的進出**，而且每個人的自我肯定感和自我認同也會大幅影響身邊的金錢流動。畢竟金錢的使用和接受方式是相互關聯的。

所謂的自我投射，是指一個人在無意識中認為他人會跟自己有著相同的感受和行為。當自己痛苦時，他會覺得別人也很痛苦；自己開心時，會覺得別人也很開心。

這是一個很有趣的現象。假設你認為使用金錢是一件非常愉快的事，在自我投射發揮作用的情況下開心、愉快地使用金錢，你就會開始認為身邊的人也是以開心、愉快的心情在使用金錢。

換言之，當你帶著喜悅使用金錢時，你也會相信自己收到的金錢曾被他人帶著喜悅使用。

這裡的重點，是你必須保持「對接受金錢沒有抵抗」的心態。

由於你總是很開心地使用金錢，因此你會相信現在收到的金錢也是某人愉快地使用過的，進而愉快地接受它。

當你允許自己以自身思考模式接受金錢時，其實會讓金錢更容易進入你的生活。

有些商人會把自己的價值或商品價格設得很低，這也是自我投射導致的結果。

反之亦然。當你以痛苦的心情使用金錢時，你會相信自己收到的金錢也被人痛苦地使用過，最終使得金錢愈來愈難進入你的生活。

花費和接受金錢的價值

不要被金錢左右，
而是要成為左右金錢的人。

企業家　松下幸之助

光是帶著笑容生活，你這個人就是有價值的。

有些人可能不這麼認為，但從生命的連結奇蹟（參見115頁）看來，我們誕生於這個世上本身就是令人難以置信的奇蹟。

重要的是，你要更加重視各種**有價值的事物**。

除此之外，我也希望你不要受錯誤的金錢束縛所局限。

那些深信沒有提供價值者就沒有價值的人，往往容易產生這種想法：

「不應該接受金錢。」
「不應該浪費金錢。」

每個人在過去的人生中，應該或多或少都有過買完才發現沒價值的經驗。或許你當時會覺得「糟糕，買錯了」並受到些許損失，但一味地固守「不應該浪費金錢」的思想生活，當真是正確的嗎？

應該有不少人總是想著「必須提供有價值的東西……」在生活，若是如此，我希望你能重新思考價值的本質。

價值大致上可以分為2種。

一種是自己決定的價值。

無論他人怎麼說，人們都能在自己認為好的事物中找到價值，且感性通常會形成一個人的**喜好**，進而創造出價值。

另一種則是他人決定的價值。

以藝術品為例，無論作者怎麼看待自己的作品，價值還是由觀眾或買家來決定。那些去世的作者若看到自己的作品價值大幅上升，應該也會很驚訝吧。

所以，在花費和接受金錢的價值上，請放下心中的障礙吧。

我在講座中經常會提到，大多數日本人並未接受過金錢相關教育，因此很多人都對金錢抱有極大的抵抗感。而且不光是年輕人，即便到了50歲或60歲，亦有許多人仍然受到強烈的心理障礙束縛，認為與金錢有關的事物都是不好的。

然而，金錢本身並沒有錯，你當然可以接受它。當你理解這點後，就能更輕鬆地接受金錢，而且一旦消除心理障礙，也會促進更多金錢流動。

思考習慣確實很麻煩。有時候你雖然想要錢，但真的得到時，又會擔心發生各種壞事或危險的情況。

繼續抱持這種想法，恐怕不太妥當。

在此問各位一個問題：「如果你有天變成有錢人，會想做什麼呢？」

倘若此時，你腦中浮現一些消極的想法或負面的擔憂，這代表你對金錢和有錢人有著負面印象。而這些負面印象大多來自你過去的經歷，如今是時候放下它們了。

「為什麼我會對金錢有這樣的看法？」
「我從父母身上學到金錢是一個可怕的東西。」
「我沒有錯，是金錢欺騙了我。」
「當時那件事，害我失去了所有金錢……」

別再困在這些束縛裡了，繼續想這些也無濟於事。

你應該將焦點放在剩餘的時間上，並試著描繪出自己對金錢的理想狀態，而後努力地尋找自己的價值。

等你明確知道自己的價值後，你可以試著想像自己在擁有這些價值的同時，還過著充滿感恩且富饒的生活。

如此一來，大腦就會努力實現這些想像，因為想像＝結果。

這就是在整理金錢觀念時，最簡單且重要的一點。

輕鬆地使用金錢，金錢就會輕鬆地回流。

在你過去的人生中，包括商業場合應該也是如此。

當你不是抱持著勝負慾，而是全心享受比賽時，往往能獲得更好的成果。此外，以這種想法生活的人，身邊也會聚集許多抱有相同理念的人，這便是所謂的物以類聚。

至今以來，社會整體評價標準重視的都是「你花費多少努力才得以留存下來」，因此追求樂趣的人通常會被視為不努力的人而不受讚許。這點在金錢方面也是如此。

不過，如今時代發生了巨大變革，甚至逐漸進化到另一層次。因此，請你以後也試著以「是否有趣」、「是否想嘗試」為基準生活吧。

我希望你能下定決心這樣生活，並以這種視角來重新思考金錢的價值。

若想擺脫烙印在我們腦海裡的邏輯，就必須消除對金錢的負面印象。即便從現在開始也不晚。

第4章總結

◎建立起良好人際關係，別讓自己孤身一人。

◎在日常生活中養成認同他人價值的習慣，並建立相互尊重的關係。

◎試著參與符合自己興趣的社群。

◎運用六方禮拜，實踐傳達感謝的習慣。

◎透過10人法則提高人望。

◎金錢的價值會根據使用者和支付者的不同產生變化。

◎自我投射會影響資金的進出。

◎養成重新思考價值的習慣。

◎輕鬆地使用金錢，金錢就會輕鬆地回流。

後記

首先，在此由衷地感謝你閱讀到最後。

我今年已經64歲了，而這段生命能延續到什麼時候，我自己也不知道。

當然，我這一路走來並非一帆風順，也曾在各種地方遇到困難，有一段時間，還讓自己變成了可憐人。

過去，我也曾在決定好「就是這條路」之後，又在好不容易找到的道路上失敗，甚至傷害過必須好好珍惜的人，就連朋友都一個接一個地離開……

這一切都是我的人間力不足，並且總是對自己身處狀況有不切實際的誤解而造成的結果。

還記得我是在34歲的時候遇到**「習慣養成」**這個詞的。從那之後，我才開始慢慢地瞭解**自己的所在地（身處狀況）**。起初，我也曾覺得自己怎麼會這麼沒用而陷入低潮，但我還是一步一步努力走到了現在。

我在48歲時，遇到了長期從事腦部研究的Sanri股份有限公司的西田文郎老師，他讓我萌生出「再一次認真地重新開始」的念頭。於是我從50歲開始重新學習，並堅信**學習就是改變**，對於任何事情都全力以赴地付諸實踐。與此同時，我也一直在思考如何將所學轉化為「活學」，而不是「死學」，並將這些學習經驗實際應用於自己的人生中。

現在正在閱讀本書的你幾歲呢？

不論是50幾歲還是60幾歲，甚至連70幾歲的各位都還有很多機會。

因為人生的**有趣之處才「剛・要・開・始」**。

在過去那段一事無成的人生裡，我給許多人帶來了麻煩，甚至失去重要的人。雖然我的人生從50歲才逐漸起步，但仍然勉強活了下來，或許還稍微幫助過一些人。連我這樣的人都能做到，你沒有理由做不到。如果30幾歲或40幾歲的人也能讀到這段話，我希望你們從現在開始帶著想像去生活。想想你為什麼來到這個世界，又是為了讓誰開心而活，並思考你想透過自己的生活方式留下什麼。

有些人或許能立刻得出明確的答案，有些人則會說「不知道」。其實現在不知道也沒關係，但我希望你們能繼續思考，即便在工作中也要持續思考。**唯一不可以做的事情，就是停止思考**。

我在過去30年間，不斷為大家提供**習慣養成的訓練方法**，並致力於將其與**基於腦科學的方法**結合。我堅信**與我相遇的人必定會擁有更美好的生活、人生無論幾歲都可以重新開始、改變習慣就是改變人生**，同時也透過親身實踐，希望在今後的餘生裡，能繼續將這些理念傳達給更多人。

「要成為一個對他人有幫助的人。」

這是我母親的口頭禪。如今我64歲了，藉著這次撰寫本書的機會，我決定重新將這句話牢記在心，並以此為目標生活下去。

自從決定重新開始後，我的人生就充滿幸運和好運。這其中並沒有什麼特別的原因，只是在此之前，我完全無法做到那些「理所當然」和「普通」的事情，或許是因為我逐漸養成習慣，開始有意識地實踐，才會發生變化。

那些理所當然和普通的事情，正是珍惜家人、恩人、摯友。說起來有些不好意思，但我是年過50以後才終於明白這句話的意思並開始付諸實踐的。

同時我也深刻地感受到，無論是父母、祖父母、孩子，還是那些讓我得以作為一個人生活的恩師和摯友，倘若不能珍惜這些人，便絕對無法取得成功，更無法體會到人生中的真正幸福。

不過原本的**思考和行動習慣**以及走過的道路，也是你過去人生中的一部分，無論喜不喜歡都不該否定它，而是要尊重它。

為了家人、生活地區、國家以及肩負未來的孩子們，你還有許多機會可以發揮己身所長。

但在為周圍的人帶來歡笑的同時，我們也應該貫徹自己的意志，並**努力創造一個尊重並支持自身意志的環境**。

你是否喜歡自己？你最愛的人是否是自己呢？請務必喜歡自己，並好好地愛自己。

人生這趟旅程可還沒結束。

你就是自己最強大的加油團，因此要尊敬祖先、敬愛家人、珍惜朋友、愛惜自己，並且調整好這段名為人生的旅程。

最後，我要感謝在此次撰寫過程中提供許多激勵和支持的編輯——鈴木七沖先生，以及Sunmark出版的全體成員。

希望這本書能成為你發揮潛在力量的契機，並祝你幸福洋溢地度過餘生。

無論時代的變化多麼激烈，我們都應該將心懷大志的生活態度傳承、傳達下去。

為了實現這點，讓我們細心且誠實地實踐你現在能做到的每一件事吧。

NANIMEN　吉井雅之

【参考文献】

・『天運の法則』西田文郎 著（現代書林）
・『10人の法則』西田文郎 著（現代書林）
・『マザー・テレサ100の言葉』マザー・テレサ 著（女子パウロ会）
・『脳は若返る』茂木健一郎 著（リベラル社）
・『心を励ます中国名言・名詩』河田聡美 著（幻冬舎）
・『脳はなんで気持ちいいことをやめられないの？』中野信子（原案）ユカクマ（漫画）（アスコム）
・『スティーブ・ジョブズ全発言』桑原晃弥 著（ＰＨＰ研究所）
・『トーマスエジソンの「ビジネスと人生を逆転させる魔法の名言集」』（ＡＩ・Ｂｉｚ出版）
・『超訳ニーチェの言葉』ニーチェ 著（ディスカヴァー・トゥエンティワン）
・『心を整える。』長谷部誠 著（幻冬舎）
・『マーク・ザッカーバーグの生声』ジョージ・ビーム 著（文響社）
・『「幸福力」を高める生き方 中村天風名言集』松本幸夫 著（経済界）
・『松下幸之助 成功の金言365』松下幸之助 著（ＰＨＰ研究所）
・『習慣が10割』吉井雅之 著（すばる舎）
・『最短最速で理想の自分になるワザ大全！ 習慣化ベスト100』吉井雅之 著（宝島社）

［作者簡介］

吉井雅之

1958年於神戶市出生。Simple Task有限公司代表董事，No.1習慣養成顧問，喜働會會長，JADA協會SBT1級教練。以「讓大人更有活力」為使命，幫助人們自我實現，在日本各地舉辦習慣養成連續講座「喜働力塾」已達84期，畢業生超過4000人。至今仍藉由各種養成習慣的方法，持續培養出眾多成果豐碩的各界人士。作為各行各業的企業顧問，主要從事人力戰略諮詢和人才培訓，幫助企業增加收益，同時以習慣養成為核心，在日本各地舉辦人才培訓、演講和研討會·至今已指導過約6萬人進行實踐訓練。此外，為實現孩子們的夢想，積極舉辦針對小學、國中和高中生以及家長的演講，並運用大腦科學及習慣養成來開發能力。除了幫助商務人士外，也指導運動團隊，協助考生提升能力等。

著作包括《最強習慣養成》（星出版）、《超強習慣養成，輕而易舉創造人生複利效應》（大牌出版）、《習慣致勝》（幸福文化）、《成功する社長が身につけている「52の習慣」》（同文館出版）、《知らないうちにメンタルが強くなっている！面白いように自信がつく「21のきっかけ」》（王様文庫）、《人生を変える！理想の自分になる！超速！習慣化メソッド見るだけノート》、《最短最速で理想の自分になるワザ大全！習慣化ベスト100》（皆為宝島社）等。

職場之外

調整習慣，打造智在生活！

出　　版／楓葉社文化事業有限公司
地　　址／新北市板橋區信義路163巷3號10樓
郵政劃撥／19907596 楓書坊文化出版社
網　　址／www.maplebook.com.tw
電　　話／02-2957-6096
傳　　真／02-2957-6435
作　　者／吉井雅之
翻　　譯／曾薏珊
責任編輯／邱凱蓉
內文排版／謝政龍
港澳經銷／泛華發行代理有限公司
定　　價／380元
出版日期／2024年10月

國家圖書館出版品預行編目資料

職場之外：調整習慣，打造智在生活！／吉井雅之作；曾薏珊譯. -- 初版. -- 新北市：楓葉社文化事業有限公司, 2024.10　面；　公分

ISBN 978-986-370-715-8（平裝）

1. 自我實現　2. 生活指導

177.2　　113012946